hänssler

Ernst Schwab

Weiß ich den Weg auch nicht

Erfahrungen im Angesicht des Todes

Die Deutsche Bibliothek – CIP-Einheitsaufnahme

Schwab, Ernst:
Weiss ich den Weg auch nicht : Erfahrungen im Angesicht
des Todes / Ernst Schwab. – 4. Aufl. – Neuhausen-Stuttgart :
Hänssler, 1995
    (Hänssler-Taschenbuch)
    ISBN 3-7751-2425-X

4. Auflage 1995
Bestell-Nr. 392.425
Das vorliegende Buch erschien bisher
als TELOS-Paperback 1286.
© Copyright 1987 by Hänssler-Verlag, Neuhausen-Stuttgart
Umschlaggestaltung: Christine Paxmann
Gesamtherstellung: Ebner Ulm

Inhalt

1. Eine große Liebe 7

2. Ein langer Krankheitsweg 19
   Erfahrungen mit den Kindern 35

3. Sich auf das Sterben vorbereiten 36
   Anfechtungen 42
   Erfahrungen mit den Kindern 47
   Abschied von der Gemeinde 49
   Unsere Schwachheit – und die Kraft des Gebets . 50

4. Die letzte Wegstrecke 53
   Ermutigung zur Seelsorge 57

5. Der Tag der Beerdigung 61

6. Wieder allein 71
   Trauererwartungen 77

7. Was tröstet
   1. Den Schmerz nicht unterdrücken 79
   2. Das Gebet 81
   3. Das Wort Gottes 82
   4. Mittragende Menschen 82
   5. Gute Lieder 83
   6. Gute Bücher 85
   7. Trauerpost 86
   8. Aufräumen 91

8. Neue Wege 94

Übersicht der Lieder und Gebete 97

Vorwort

Zunächst danke ich dem Verlag, daß er das Buch neu auflegt. In den letzten Jahren habe ich viele dankbare Rückmeldungen dazu erhalten. Das Buch ist nicht mein Verdienst. Ich gebe ja nur weiter, was ich selbst empfangen habe. Ich bin dankbar, wenn mein Bericht anderen in ihren Leiderfahrungen weiterhilft. Manche Leser sind auch erstaunt, daß ich so offen und ehrlich erzähle und Einblick in mein Leben gebe. Mir war von vornherein klar: Entweder ich schreibe ganz ehrlich oder gar nicht.

Ich meine nicht, daß meine Leiderfahrungen schwerer sind als die anderer Menschen. Immer, wenn wir einen uns nahestehenden, lieben Menschen verlieren, ist das ein schmerzlicher Verlust.

Ich will mit diesem Buch kein Mitleid hervorrufen, wohl aber bei den Lesern die Fähigkeit zum Mitleiden fördern. Viele Menschen in der heutigen Zeit kommen sich so hilflos vor, wenn sie Leidtragenden oder Sterbenden gegenübertreten. Mit diesem Buch möchte ich mithelfen, diese Hilflosigkeit zu überwinden. Mir ist wichtig, daß wir vor dem Leid nicht fliehen und gegenüber dem Leid (auch gegenüber dem Leid, das uns tagtäglich durch die Medien übermittelt wird) nicht abstumpfen. Wer sich und alle Mitmenschen von Gott geschaffen und geliebt weiß, wird für das eigene Leben, auch wenn es mitunter schwer ist, dankbar sein können; und er wird alle Mitmenschen mit den Augen der Liebe sehen. Wer liebt, läßt seinen Nächsten im Leid nicht allein. Leid ist ein Teil des Lebens. Leiderfahrungen können dazu beitragen, die Kostbarkeit des Lebens und die Nähe und Barmherzigkeit Gottes deutlicher zu begreifen. Insofern sind Leiderfahrungen wertvolle Lebenserfahrungen. Dennoch wünsche ich keinem Menschen Leid, und wir sollen einander kein Leid zufügen. Doch welchen Gott Leid auferlegt, denen wünsche ich von Herzen, daß sie darunter nicht zerbrechen oder verbittern, sondern im Gespräch mit Gott und mit verständnisvollen Mitmenschen Halt, Zuversicht und neuen Lebensmut finden.

Den Gesunden wünsche ich den Mut, Kranke und Sterbende einfühlsam und liebevoll zu begleiten. Kranken und Leidtragenden wünsche ich die Geborgenheit des Glaubens. Uns allen wünsche ich, daß wir nicht bei uns und unseren Erfahrungen stehenbleiben, sondern uns immer mehr zu Gott hin bewegen lassen.

Ernst Schwab, Mai 1995

1. Eine große Liebe

Meine geliebte Frau liegt aufgebahrt vor mir. Nur 28 Jahre währte ihr Leben. Nein, jetzt fließen keine Tränen. Ich lächle sie etwas verhalten an, so als wollte ich ihr sagen: »Du warst eine liebe Frau. Ich hätte mir keine bessere wünschen können.« An meiner Seite steht unsere fünfjährige Manuela. Sie hat ihre Mama nie gesund erlebt. Matthias, unser achtjähriger Bub, hat in diesem schweren Augenblick des Abschiednehmens nach der Hand der Oma gegriffen.

Dann stehen wir am offenen Grab. Der Pfarrer spricht die Worte: »Nachdem es dem allmächtigen Gott gefallen hat, Heidi Schwab aus diesem Leben abzurufen, legen wir ihren Leib in Gottes Acker, daß er wieder zur Erde werde, davon er genommen ist.« Oft habe ich diese Worte selbst gesprochen. Heute gelten sie meiner lieben Frau, und ich stehe mit 32 Jahren als Witwer am offenen Grab.

In der Kirche verliest der Pfarrer den Lebenslauf: »Heidi Schwab... am 9. Februar 1955 in Gerolfingen geboren... Von 1961 bis 1968 besuchte sie die Volksschule in Gerolfingen, von 1968 bis 1972 die Realschule in Wassertrüdingen... Zu ihrer Konfirmation erhielt sie den Konfirmationsspruch: Weise mir, Herr, deinen Weg, daß ich wandle in deiner Wahrheit; erhalte mein Herz bei dem einen, daß ich deinen Namen fürchte (Psalm 86,11). Von Oktober 1972 bis März 1973 erlernte sie auf einem Lehrinstitut in Freiburg den Beruf einer Arzthelferin. Nach Abschluß dieser Berufsausbildung besuchte sie von April bis Juli 1973 den Sommerkurs der Evangelisch-Lutherischen Volkshochschule auf dem Hesselberg.

Im Juli 1973 heiratete sie den damaligen Dekanatsjugendleiter Ernst Schwab. Nach einjähriger Ehe wurde ihr erstes Kind Matthias geboren. Im September 1974 zog sie mit ihrer Familie nach Lichtenau, weil sich ihr Mann zur Ausbildung am Pfarrverwalterseminar in Neuendettelsau berufen wußte. Bald darauf, im Februar 1975, machten sich erste Anzeichen einer rätselhaften Krankheit bemerkbar... Unmittelbar nach der Geburt der Tochter Manuela im August 1977 kam sie dann mit ihrer Familie in die Pfarrei Neudorf...

Am Freitag, den 4. März 1983, durfte sie nach achtjähriger Krankheit ihren irdischen Lebensweg beenden.«

Nun bin ich also wieder allein. Wie soll es weitergehen? Warum hat Gott uns das zugemutet? Warum hat er uns so früh wieder auseinandergerissen?

In den folgenden Monaten versuche ich, meine Gedanken zu ordnen. Vieles von dem, was wir miteinander erlebt haben, wird wieder lebendig. Manche Erinnerungen schnüren mir schier die Kehle zu, andere stimmen mich dankbar.

Ich war 18 Jahre alt, als ich meine spätere Frau zum ersten Mal sah. Für mich war es Liebe auf den ersten Blick. Sie war erst vierzehn; zu jung für eine feste Bindung. Ich war fest entschlossen, auf sie zu warten. Ein jugendlicher Freund, dem ich meine heimliche »große Liebe« anvertraute, meinte: »Du kannst doch nicht auf ein Mädchen warten, ohne zu wissen, ob sie dich überhaupt mag!«–»Wenn Gott will, daß wir zueinander gehören, wird er sie für mich aufbewahren«, war meine Antwort.

Ein Jahr später schrieb ich in mein Tagebuch:

> *Ich liebe ein Mädchen. Vater im Himmel, hilf mir, daß ich sie so sehr liebe, daß ich ihr ihre Freiheit nicht nehme. Hilf, Herr, daß wir uns gegenseitig verstehen und ergänzen.*

In dieser Zeit war ich Dekanatsjugendwart im Dekanat Wassertrüdingen. Heidi besuchte die Realschule und ging zu mir in den Jugendkreis. Hier hatte ich Gelegenheit, sie näher kennenzulernen, ohne daß sie wußte, wie viel sie mir bedeutete. Ich wollte ihr junges Herz nicht zu früh an mich binden.

Sie war noch keine sechzehn, als auch in ihr die Liebe erwachte. Nach ihrem 16. Geburtstag hat sie es dann auch gewagt, ihren Eltern von unserer Freundschaft zu erzählen. Diese waren, weil ihre Tochter noch so jung war, nicht gerade begeistert. Wir waren bemüht, Zurückhaltung zu üben. Wir wollten sowohl in der Jugendgruppe als auch bei ihren Eltern keinen Anstoß erregen und auch ihr Vorankommen in der Schule nicht beeinträchtigen.

Ich finde eine Karte, die ich ihr in dieser Zeit schrieb:

> *Liebe Heidi!*
> *Ich bin allein in meinem Zimmer und höre ein christliches Lied. So ist das Alleinsein keine Einsamkeit, sondern ein Alleinsein in Dankbarkeit und Freude. Diese Freude möchte ich mit Dir teilen. Ja, ich möchte Dir noch guten Abend sagen. Es fällt mir schwer, hierzubleiben. Aber es ist wohl besser so. Nun schreibe ich Dir diese Zeilen, die Du dann nicht nur für einen Augenblick hast, sondern vielleicht öfter liest und über die Du Dich öfter freuen kannst. O Heidi, wenn ich so an Dich denke, an Dein Lächeln, an Deine klaren, glücklichen und manchmal fragenden Augen, dann überkommt mich Freude, und ich möchte Dir sagen: O meine Beste! Mein Schatz! Du darfst und sollst mich immer besser kennenlernen! Du darfst miterleben, wie ich mich selbst immer besser kennenlerne. Ja, so meine ich es. Wir kennen uns ja selbst nie richtig. Nur Christus kennt uns richtig.*

Im Oktober 1971 wurde ich zur Bundeswehr eingezogen. Diese Zeit der Trennung hat unserer Liebesbeziehung nicht geschadet, sondern im Gegenteil uns einander noch viel nähergebracht. Obwohl ich an den meisten Wochenenden frei hatte und dann auch selbstverständlich bei ihr war, haben wir uns fast jede Woche einen Brief geschrieben. Diese Briefe waren für uns eine Hilfe, unser Leben und unsere Beziehung gründlich zu überdenken und einander besser zu verstehen.

Jetzt, nachdem meine liebe Lebensgefährtin gestorben ist, bin ich noch dankbarer für die Briefe, die wir einander geschrieben haben. Manches aus unserer schönen Zeit wird wieder lebendig. In einem Brief, den ich als Zwanzigjähriger schrieb, lese ich:

> *Mein Sonnenschein!*
> *Deine Liebe ist ein Bestandteil meines Lebens geworden. Diese Liebe ist jedoch nichts Alltägliches, sie sollte es auch niemals werden. Liebe ist immer wieder eines der größten Geschenke und etwas besonders Beglückendes und Wertvolles. Ich danke Dir, mein Schatz, für Deine echte, reine Liebe, die ihre Krönung im gemeinsamen Dank und Lob Gottes findet.*
> *Liebste Heidi! Du weißt, daß ich zur Zeit das Buch »Mohn in den Bergen« lese. In dem Abschnitt, den ich heute abend gelesen habe, fand ich ein paar sehr gute Gedanken. Es heißt dort unter anderem: »Das Leben ist viel kürzer, als wir es in der Jugend meinen. Wir alle müssen diese kurze Zeit nutzen, Glück zu geben und zu empfangen.«*
> *Kaum jemand wird dies besser verstehen und sich zum Anliegen machen als Du, mein Schatz. Mit Dir will ich mein Leben mit all seinem Glück und allen Nöten teilen. Wie bin ich froh, ein offenes und beglückendes Liebesverhältnis mit Dir zu haben. Das ist nicht mein Verdienst, sondern für uns beide in gleicher Weise größtes Geschenk.*
> *Du sollst wissen, daß ich aufs tiefste mit Dir verbunden bin; daß ich gestern an Dich und den Jugendkreis gedacht und für Euch gebetet habe; daß ich täglich für Dich und Deine Familie bete.*

Während ich meinen Wehrdienst leistete, hatte sie die Leitung des Jugendkreises übernommen. Immer wieder erzählt sie davon in ihren Briefen:

Am Montag im Jugendkreis ist es ganz toll zugegangen. Ich glaube, es war der beste Abend, den wir bisher ohne Dich gehalten haben. Nach der Gruppenstunde haben wir uns wie kleine Kinder aufgeführt. Bei der Hetzjagd über Tische, Stühle und Bänke, die Treppe hinunter und hinauf, war fast jeder begeistert dabei. Und stell Dir vor, dabei ist nichts kaputtgegangen.

Ich hatte als Soldat da doch etwas andere Erfahrungen zu verkraften. In einem Brief von November 1971 steht:

Gestern hatten wir Zugabend. Der ganze dritte Zug war mit den Ausbildern in einem Gasthaus. Bei dieser Art Heiterkeit wird halt oft der Mensch (Sex) und Gott in den Dreck gezogen. Die meisten müssen sich die Heiterkeit erst antrinken.
Während des Zugabends ging ich zweimal für etwa 20 Minuten in der stillen Winternacht spazieren, um mit meinem Herrn zu reden. Ich bete immer wieder, daß doch diese jungen Männer die wahre Freude kennenlernen und annehmen. Daß sie doch das Leben finden, das in Ewigkeit bleibt. Ja, Heidi, diese Erlebnisse müssen uns unruhig machen und dürfen uns nicht gedankenlos fröhlich sein lassen. Ja, meine treue, liebe Hälfte, bete mit mir, daß viele bei uns etwas von dem Leben der Freude sehen und danach verlangen, auch in die Gemeinschaft mit Gott zu kommen.

Heidi schrieb im Januar 1972:

Liebster Schatz!
Gern denke ich an das letzte Wochenende zurück. Es war, wie immer, viel zu schnell vorbei. Ach, Ernst, eigentlich finde ich es doch ganz schön, daß wir uns nur jedes Wochenende sehen. Da kann ich mich nämlich die ganze Woche darüber freuen und daran

11

denken, wie schön es immer ist, wenn Du mich im Arm hältst und mir liebe, zärtliche Worte sagst. Natürlich fällt es mir schwer hierzubleiben, und darum schreibe ich Dir jetzt den Brief. O Ernst, ich bin ja so glücklich! Wenn ich da an die Mädchen in der Schule denke, die für ihre Freunde nur Mittel zum Zweck sind, frage ich mich manchmal, wieso ich einen so wunderbaren Mann habe. Ich bin doch auch nicht anders und besser als die Mädchen meiner Klasse, und trotzdem habe ich einen Schatz, der mich nicht vergißt, der immer auf mich wartet und mich liebt wie kein anderer Mensch...

Aus einem anderen Brief:

... Gerade habe ich wieder ein paar Briefe gelesen, die Du mir schon früher geschrieben hast. Es ist etwas so Schönes, und ich freue mich jedesmal, wenn ich sie lese. Jedes liebe Wort, das Du mir schreibst, ist für mich wie eine zärtliche Umarmung, und ich kann es kaum erwarten, bis die Woche vorbei ist. Ich hab' Dich so lieb, daß ich manchmal meine, es zerspringt mir fast das Herz vor lauter Freude auf eine neue Begegnung mit Dir.

Wo Menschen zusammenleben, tun sie einander auch weh. Dies blieb auch uns nicht erspart. In einer Liebesbeziehung kommt es nicht in erster Linie darauf an, daß man alles richtig macht, sondern daß man einander verzeihen kann. Dieses Aufarbeiten von Problemen und Schuld geschah meist in langen Gesprächen und einer ruhigen ungestörten Atmosphäre, zum Beispiel beim Spaziergang. Doch manchmal kam es auch in einem Brief zum Ausdruck.

Im März 1972 schrieb Heidi:

Ich habe wieder mal eine Menge falsch gemacht und Dir vielleicht unnötig weh getan, und dafür, mein Schatz, bitte ich Dich um Entschuldigung. Doch über all dem möchte ich Dir sagen, daß Du mich am Sonntag sehr glücklich gemacht hast. Mein lieber Ernst! Du bist der beste, liebste und wunderbarste Mensch, den ich habe, und dafür danke ich Dir. Ich würde mich oft nicht verstehen, wenn ich Dich nicht hätte. Oft glaube ich, Du kannst mir bis auf den Grund meines Herzens sehen, meine Gedanken lesen und mir jeden Wunsch von den Augen ablesen, und das erfüllt mich mit Staunen und Freude. Das ist für mich so wunderbar, so schön.

Inzwischen steht Heidis Realschulabschluß vor der Tür. Natürlich hat sie Angst vor den Prüfungen, und es beschäftigt sie die Frage, was danach kommt, da sie noch immer keine Stelle hat. In dieser Situation schreibe ich:

Jesus Christus weiß allein,
wo der Weg hingeht.
Wir aber wissen,
daß es ganz gewiß ein über alle Maßen barmherziger
Weg sein wird.

(Dietrich Bonhoeffer)

Liebste Heidi!
Dieser Zuspruch tut uns gut und möchte Dir in der Prüfungswoche Getrostheit und Freude schenken. In diesem Bekenntnis liegt Vertrauen und Glaubenserfahrung. Sollten wir ins Zittern und Zagen kommen, so dürfen wir uns an die Zusagen unseres Heilands klammern und um solche Gewißheit beten. Ich bete immer wieder für Dich, mein Sonnenschein, und besonders in diesen Tagen der Abschlußprüfung. Bonhoeffer meint mit seinem Zeugnis nicht nur einen kurzen Wegabschnitt, sondern unseren ganzen Lebensweg. Ein wichtiger Abschnitt Deines Weges geht in diesen Wochen zu Ende. Wir freuen uns beide der guten Zuversicht, daß unser Herr uns einen guten Weg führen wird.
In Liebe und Fürbitte Dein Ernst.

In der Zeit meines Grundwehrdienstes beschäftigte mich die Frage, ob es für mich als Christ verantwortbar sei, Dienst mit der Waffe zu leisten. Nach reiflicher Überlegung beantragte ich, als Kriegsdienstverweigerer anerkannt zu werden. Ich hielt in meinem Tagebuch fest:

Nach gründlichem Informieren, Überlegen und Beten wurde mir klar, daß ich einen anderen Auftrag als den eines Soldaten in der Welt habe. Bei der Sitzung am Kreiswehrersatzamt brachte ich mein Anliegen in folgenden Gedanken zum Ausdruck: Ich bin der Überzeugung, daß alle Menschen Frieden wollen. Wenn Krieg entsteht, ist entweder Rechthaberei von ein paar Mächtigen oder die Verblendung einer unvernünftigen Masse die Ursache. Die Vorstellungen, wie man den Frieden erhalten bzw. erreichen kann, sind verschieden. Ich meine, daß man mit der Waffe keinen Frieden schaffen und keine Probleme lösen kann. Der Friede, den wir jetzt haben, ist ein Scheinfriede, ein kalter Krieg.

Ich möchte den Menschen bezeugen: Ich liebe euch. Ich achte euer Leben. Ich will den Frieden und greife deshalb nicht zur Waffe. Ich persönlich kann nicht auf der einen Seite verkündigen: Selig sind die Friedfertigen, oder beten: Herr, mach mich zum Werkzeug deines Friedens, daß ich Liebe übe, wo man sich haßt, *und auf der anderen Seite bereit sein, auf Menschen zu schießen.*

Ich bin dankbar, daß unsere Regierung es ermöglicht, unserem Staat, dem Menschen im zivilen Bereich ohne Waffe zu dienen. Ich will unserem Staat gern dienen und auch Verantwortung übernehmen, aber in einer Form, die mein christliches Zeugnis unterstreicht.

Schon eine Woche nach meiner Verhandlung wurde ich aus der Bundeswehr entlassen. Jetzt warte ich, ob und wohin ich zu einem Ersatzdienst muß.

Zum 1. September 1972 wurde ich zum zivilen Ersatzdienst an die Universitätsklinik nach Freiburg einberufen.
Inzwischen hatte sich auch Heidis Weg geklärt: sie würde
die Arzthelferinnen-Ausbildung an einem Lehrinstitut in
Freiburg absolvieren. Daß ich ausgerechnet in Freiburg
meinen Ersatzdienst leisten sollte, empfanden wir beide als
eine gütige Führung Gottes, worüber wir uns sehr freuten.
Ich notierte in mein Tagebuch:

> *Seit Montag bin ich in Freiburg zum Ersatzdienst. Es*
> *ist für uns ein großes Geschenk, da meine liebe Heidi*
> *zur Arzthelferinnenausbildung (ab 5. Oktober) eben-*
> *falls in Freiburg sein wird. Ich bin im Operationssaal*
> *als Hilfspfleger eingesetzt. Dort kann ich viel sehen*
> *und lernen. Der erste Tag heute hat mich schon ein*
> *wenig angestrengt. Es wurde zum Beispiel einem*
> *zwölfjährigen Mädchen der rechte Arm abge-*
> *nommen.*
> *Vater im Himmel, schenke doch den Patienten Ge-*
> *sundheit an Seele und Leib. Gib den Ärzten*
> *Kraft und Gelingen, damit sie das Rechte tun für*
> *die Genesung der Kranken. Ich danke dir, Herr,*
> *für jeden, der gesund ist, und will dir meinen*
> *gesunden Leib zum Dienst weihen. Dein Reich*
> *komme, dein Wille geschehe, vor allem auch in*
> *unserem Leben. Sei du unser Herr.*

Während unserer Zeit in Freiburg hatten wir Anschluß an
eine Gemeinde und waren ziemlich regelmäßig im Jugend-
bund für entschiedenes Christentum (EC).
Nach Beendigung meines Zivildienstes wurde ich wieder
als Dekanatsjugendleiter angestellt. Heidi bekam nach dem
Abschluß ihrer Ausbildung zur Arzthelferin keine Stelle.
Sie besuchte aber den Sommerkurs der Evangelisch-Luthe-
rischen Volkshochschule auf dem Hesselberg.
Im Juli 1973 gaben wir uns das Jawort vor dem Traualtar.
Als Trautext wählten wir Heidis Konfirmationsspruch:

15

Weise mir, Herr, deinen Weg, daß ich wandle in deiner Wahrheit; erhalte mein Herz bei dem einen, daß ich deinen Namen fürchte (Psalm 86,11).

Heidis Erfahrungen als ehrenamtliche Gruppenleiterin und der Besuch des Sommerkurses auf dem Hesselberg genügten damals, um als Dekanatsjugendleiterin im Nachbardekanat Dinkelsbühl angestellt zu werden. Genau ein Jahr arbeiteten wir so Hand in Hand und betreuten zwei Dekanate mit Jungschararbeit und Mitarbeiterschulung.

Immer wieder beschäftigte uns die Frage nach dem Willen Gottes für uns: Wie lange sollen wir in der Jugendarbeit tätig sein? Soll ich mich um eine Ausbildung bewerben, um in die äußere Mission zu gehen? Soll ich in den Gärtnerberuf zurückkehren und meine Meisterprüfung ablegen und womöglich eine Lebensgemeinschaft für Gestrandete, Einsame und psychisch Kranke aufbauen? Ich schrieb in mein Tagebuch:

Meine liebe Heidi hat mich in diesen Tagen nach unserer Zukunft gefragt. Ich weiß den Weg noch nicht. Gott weiß ihn, und er möge mir helfen, seinen Weg zu erkennen und zu gehen. Gott soll meinen Lebensweg bestimmen, weder eigene Überlegungen noch andere Menschen. Es ist mir eine große Frage, ob ich in den hauptamtlichen Dienst der Landeskirche soll. Einerseits kann man dort viele Menschen erreichen, andererseits wird man in eine ziemlich starre Organisation hineingestellt, die viel Ballast auf sich geladen hat, welcher das Wirken des Evangeliums behindert. Soll ich mich bemühen, in die äußere Mission zu kommen? Es ist mir eine ernste Frage, ob ich den elterlichen Hof übernehmen soll, um Einsamen Gemeinschaft in Christus, Heimatlosen Heimat bieten zu können. Ich könnte mit Paulus sagen: Ich bin frei von jedermann. Ich bin an keine Kirche, an keine Tradition gebunden. Ich bin nur Christus verpflichtet.

Herr Jesus, gib uns die Kraft, allem zu entsagen, um ganz offen für dich zu sein. Zeige uns deinen Willen, deinen Weg.

Gespräche mit guten Freunden und vor allem mit unserem Seelsorger ließen in uns die Bereitschaft wachsen, mich am Pfarrseminar für Spätberufene in Neuendettelsau zu bewerben. Ich bekam einen Termin für die Aufnahmeprüfung. Ich ging mit der Einstellung hin: Wenn Gott will, daß ich die Ausbildung am Pfarrseminar mache, werde ich die Prüfung bestehen. Sollte ich sie nicht bestehen, wird Gott einen anderen Weg für mich haben.

An unserem ersten Hochzeitstag wurde unser Matthias geboren. Als ich an jenem Tag gegen 17 Uhr nach Hause kam, sagte Heidi zu mir: »Ich glaube, es geht los.« Ich rief die Hebamme an. Sie fragte, in welchem zeitlichen Abstand die Wehen aufträten, und riet uns, noch daheim zu bleiben.

Gegen 19 Uhr fuhren wir dann doch ins Krankenhaus. Die Hebamme erlaubte mir, bei der Geburt dabeibleiben zu dürfen, was damals und zumindest in diesem Krankenhaus noch die große Ausnahme war. Gegen 21 Uhr durfte unser erstes Kind das Licht der Welt erblicken. Ein tiefes Glücksgefühl und Dank gegen Gott erfüllten uns beide. Ich schrieb in mein Tagebuch:

Gestern abend durfte meine liebe Heidi durch Gottes Gnade ein Kind gebären. Matthias (das heißt: »Gottes Geschenk«) soll sein Name sein. Es ist wirklich ein großes Geschenk für uns, einen gesunden Sohn zu haben. Wir sind so froh und dankbar. Heidi hat die Stunden der Geburt großartig gemeistert, und es geht ihr recht gut. Es war für mich ein großes Erlebnis, die Geburt unseres ersten Kindes mitzuerleben. Heidi und ich sind froh, daß wir die schweren Stunden gemeinsam durchleiden durften und das Wunder, wie ein Kind das Licht der Welt erblickt, gemeinsam erleben konnten.

Vater im Himmel, wir danken dir für Matthias.
Gib, daß er dein Kind wird. Hilf uns, daß wir
ihn so erziehen, daß du dich darüber freuen
kannst. Erfülle ihn so, daß er sich für dich
verschenkt. Segne ihn und laß ihn für viele zum
Segen werden. Danke, daß es Heidi so gut geht.

Ende August zogen wir nach Lichtenau; für mich begann ein dreijähriges Studium am Pfarrverwalterseminar.

2. Ein langer Krankheitsweg

Etwa ein halbes Jahr war unser Matthias alt, da bemerkte meine Frau eine entzündliche Stelle im Mund. Sie bekam eine Salbe verschrieben. Es wurde nicht besser, sondern schlimmer. Der Arzt versuchte es mit einer anderen Salbe; ohne Erfolg.

Nach einigen Wochen wurde eine erste Gewebsentnahme durchgeführt. Der Laborbefund erbrachte kein Ergebnis. Inzwischen zeigte sich die Erkrankung auch an der Schleimhaut der Scheide. Eine zweite Gewebsprobe wurde eingeschickt. Wieder war kein Befund möglich. Die Schleimhautentzündung wurde immer schlimmer. Morgens beim Aufwachen waren die Lippen dermaßen mit Eiter verklebt, daß Heidi sie mit den Händen voneinander lösen mußte, um den Mund öffnen zu können.

Heidi beobachtete leichte Atembeschwerden, die ihr beim Treppensteigen oder bei anstrengender Arbeit zu schaffen machten. Im Mai 1975 erfolgte die Einweisung in die Hautklinik der Universitätsklinik Erlangen.

Mitte Juli schrieb ich in mein Tagebuch:

Seit 22. Mai liegt meine geliebte Heidi in der Hautklinik in Erlangen. Die Ärzte haben bis jetzt keine Ursache für die Krankheit gefunden. Die Entzündung wird lediglich mit Kortison auf ein erträgliches Maß reduziert. Zusätzlich wurde jetzt bei den Untersuchungen wegen der Atembeschwerden ein Tumor in der Lunge entdeckt. Diese lange Zeit der Unsicherheit und der Sorgen zehrt natürlich an den Kräften Heidis, ihrer Eltern und Großeltern und nicht zuletzt auch an mir.

Obwohl sich Heidis Oma sehr bemüht, daß mir und vor allem Matthias nichts abgeht, ist es nicht immer leicht. Obwohl unser Matthias seine Mutter noch

19

nicht bewußt vermißt, fehlt ihm doch die rechte Hand.
Alles in allem, wir haben eine »Hiobszeit« durchzu-
leiden. Manchmal möchte mich Resignation über-
fallen.
Ach, möge doch unser Herr seine Verheißung aus
Johannes 16,20 bald in unserem Leben zur Erfüllung
bringen: »Ihr werdet traurig sein, aber eure Traurig-
keit wird zur Freude werden.«

> *Herr Jesus, wir glauben an deine Liebe. Wir*
> *glauben, daß du Heidi wieder Gesundheit schen-*
> *ken kannst. Wir danken dir, daß du uns Kraft,*
> *Hoffnung und Geduld schenkst.*

Inzwischen standen für mich die ersten Prüfungen an. Das kleine Graecum und das Examen in Kirchengeschichte waren abzulegen. Zweimal wurde bei Heidi eine Gewebs-entnahme von dem Tumor entnommen, um zu klären, ob er bösartig sei. Die Laborbefunde waren wiederum unbefriedigend. Der Tumor wurde entfernt. Die Operation hatte die Lungenfunktion nicht verbessert, sondern drastisch verschlechtert. Jeder Atemzug erforderte Heidis ganze Kraft. Sie hatte um die 20 Kilo abgenommen und war kaum mehr in der Lage, ein paar Schritte zu gehen.

Heidi war verzweifelt: »Bitte nimm mich mit nach Hause. Die bringen mich hier noch um. Bitte! Wenn du mich liebst, dann nimm mich mit nach Hause.«

Ich sprach mit dem Chefarzt. Eine Woche später wurde meine Frau auf eigene Verantwortung entlassen. Die 30 cm lange, noch frische Operationsnarbe schmerzte beim Husten, als wollte sie wieder aufreißen. Eine Drainage lag noch in der Wunde. Sie konnte erst eine Woche später entfernt werden. In den ersten Tagen war Heidi nicht in der Lage, das Bett zu verlassen.

Allmählich kam sie wieder zu Kräften. Die junge zwanzigjährige Mutter war glücklich, wieder bei ihrer Familie sein zu können. Unser Matthias hatte inzwischen das erste Lebensjahr vollendet. Das Schmerzlichste für Heidi, als sie nach Hause kam: »Er sieht mich an wie eine Fremde.« Sie konnte ihr eigenes Kind nicht wickeln und nicht anziehen. Doch nach einigen Tagen hatte sie wieder so viel Kraft, im Sessel oder auf dem Boden sitzend mit Matthias zu spielen.

Dies alles wird wieder lebendig, wenn ich in meinen Tagebuchaufzeichnungen nachlese:

> Ich bin ein geknicktes Rohr,
> eine glimmernde Kerze
> eine welkende Blume.

Der Herr verheißt: »Ich will das geknickte Rohr nicht zerbrechen und den glimmenden Docht nicht auslöschen.« Ich hoffe auf seine Hilfe.

Der Tumor in Heidis Rippenfell wurde operativ entfernt. In den Ferien war sie daheim. Jetzt war sie sieben Wochen in einem Krankenhaus im Schwarzwald. Ihre Atembeschwerden wurden aber noch stärker. Letzte Woche wurde sie von einem Professor auf der Schillerhöhe bei Stuttgart untersucht. Seine Diagnose: Blählunge, unheilbar. Nach dieser Diagnose wurde sie aus dem Krankenhaus entlassen.

In der letzten Nacht, zu Hause, haben wir eine »Gethsemane-Stunde« durchlitten. Wir haben lange miteinander vor Gott gerungen, bis wir dahin kamen, daß wir für beides offen und bereit sein müssen. Wir glauben fest daran, daß Gott Heidi wieder Gesundheit schenken kann. Doch wir wissen nicht, ob er das will. Wir könnten es nicht verstehen, wenn Gott schon am Anfang unseres gemeinsamen Weges Heidi abberufen wollte, aber wir sind dabei, uns durchzuringen, auch für diesen Weg offen zu sein und zu beten: Dein Wille geschehe. Gott weiß, was für uns richtig ist, besser als wir es selbst wissen.

Schon dreimal wurden wir jetzt auf die Möglichkeit einer Heilung durch ein Wunder, durch Handauflegung von Ältesten der Gemeinde hingewiesen. Wir rechnen mit dieser Möglichkeit. Wir wollen sie auch in Anspruch nehmen. Doch vielleicht müssen die

Ärzte in Erlangen zuerst noch ihre Kapitulation erklären. Bis jetzt hofft der Stationsarzt noch, Heidi helfen zu können. Vielleicht hoffen auch unsere Eltern noch zu sehr auf ärztliche Hilfe. Ich glaube, daß Gott durch ein Wunder oder durch Ärzte helfen kann. Das Wunder ist sicherlich das Schönere. Doch wir dürfen es nicht erwarten, wenn es uns um Bequemlichkeit geht.

Ich glaube, Gott hat uns jetzt in der Schule des Leids so weit gebracht, daß wir alles von ihm erwarten und daß wir bereit sind für seinen Weg, ob er nun Gesundheit oder Krankheit oder Tod heißt. Ich glaube, daß wir nun wieder bekennen können – ich weiß, daß ich dies in größter Bedrängnis und angesichts des Todes sage –: Gottes Wege sind immer gut. Gott weiß, wie schwer uns das fällt. Wenn wir um ein Wunder bitten, dann nicht aus Bequemlichkeit, sondern damit sein Name gelobt und verkündigt wird. Ich glaube, daß Gott uns nun endlich so weit hat wie damals Abraham in 1. Mose 22, so daß wir vielleicht innerlich reif wären für sein Wunder.

Ob wir leben oder sterben, wir gehören dem Herrn. Lieber Vater im Himmel, du führst uns durch eine harte Schule. Du weißt, wir sind oft schier am Zerbrechen. Wenn du uns nicht hieltest, wären wir längst am Ende. Halte uns fest, damit wir alles von dir erwarten. Hilf uns, offen zu sein für alle Führungen und deine Wege zu bejahen.

Halte uns fest, daß wir in jeder Lage – jetzt und in der Stunde des Todes oder am Tag der Freude – ein Zeugnis für dich sind. Erbarme dich. Segne uns.

Wieviel Enttäuschung und Entmutigung hier zu durchleiden war, kann ein Nichtbetroffener nur ahnen. Ein paar Briefzitate sollen davon Zeugnis geben, wie uns hier die Bindung an Gott durchgetragen hat.

Mein Liebling! Du hast diese Krankheit bis jetzt mit bewundernswerter Geduld getragen. Ich habe mich gefreut, daß Du neulich sagen konntest: »Ich glaube, daß viele Menschen für mich beten.« Ich wünsche Dir von Herzen, daß Du auch weiterhin die Nähe Gottes spürst, durch sein Wort, Kraft, Trost und Geduld empfängst und ein Zeugnis dort im Krankenhaus sein kannst.

Sicherlich zehrt diese lange Krankheitszeit an Deinen inneren und äußeren Kräften. Sicherlich möchtest Du wie ich manchmal ungeduldig werden. Halte Dich fest an Gottes liebenden und bewahrenden Händen. Es kann nichts in unserem Leben geschehen, was nicht sein Wille ist; und »Gottes Wille ist immer gut« haben wir oft miteinander gesungen. Über meinem Schreibtisch habe ich zwei Kärtchen angebracht, die mich immer wieder ein wenig aufmuntern. Das erste Kärtchen ist von Basilea Schlink. Sie schreibt: »Kein blindes Ungestüm, kein tückischer Zufall, sondern in Deinem Leben regiert die gewaltige Hand Gottes.« Und wir wollen daran festhalten, daß es eine liebende Hand ist. Das zweite Kärtchen hast Du, mein lieber Schatz, geschrieben. »Aber in dem allem überwinden wir weit durch den, der uns geliebt hat« (Römer 8,37). Möge Gott uns durch diese Krankheitszeit stärken, daß wir Überwinder werden. Ich, und mit mir viele, beten für Dich um Kraft und Geduld und baldige Genesung.

Nun, diese erbetene Genesung wurde ihr nicht geschenkt. Am Ende aller ärztlichen Bemühungen, am Ende all ihrer Kraft bat sie einige Glaubensgeschwister, bei ihr zu bleiben und für sie zu beten. Zwei Tage und zwei Nächte haben wir für sie gebetet. Solchen Gebetsdienst kann man nicht verordnen, sondern nur im Vertrauen zu Jesus Christus und aus Liebe zu einem Mitmenschen als seine Berufung annehmen. Am dritten Tag sagte sie: »Ich danke euch. Ihr dürft nun nach Hause.« Es kam nun zu einer leichten Besserung und

Kräftigung, während es in den Wochen des Krankenhausaufenthaltes immer nur schlechter geworden war.

Ein Jahr verging. Wir waren dabei, allmählich diesen Zustand zu akzeptieren. Da stellte Gott uns in eine neue schwere Bewährungsprobe: Meine Frau wurde wieder schwanger. Was dies für uns bedeutete, zeigt ein Auszug aus einem Brief, den sie damals an eine ihrer besten Freundinnen schrieb.

Tagelang kämpfte ich mit Gott. Warum führst du uns einen solch unmöglichen Weg? Was willst du von mir, von uns? Wieso hast du dies zugelassen. Warum noch mehr Leid? Warum noch härter prüfen? Fragen über Fragen! Unser Verstand sagte uns: Dies ist doch unmöglich. Das Vernünftigste ist ein Schwangerschaftsabbruch. Aber gegen meine Vernunft redete immer eine innere Stimme, die mich so unsicher machte. Tagelang kämpfte ich im Gebet um Weisheit und Rat, aber mein Verstand reichte nicht aus, dieses Problem zu lösen. Eines Morgens konnte ich nicht mehr weiter und sagte zu Gott: »Gib mir endlich ein Wort, das mir weiterhilft. Sprich zu mir und sag mir, was dein Wille in dieser Sache ist.« Und dann hat er's mir gesagt durch Jeremia 29,11–14a:

Ich weiß wohl, was ich für Gedanken über euch habe, spricht der Herr: Gedanken des Friedens und nicht des Leides, daß ich euch gebe das Ende, des ihr wartet. Und ihr werdet mich anrufen und hingehen und mich bitten, und ich will euch erhören. Ihr werdet mich suchen und finden; denn wenn ihr mich von ganzem Herzen suchen werdet, so will ich mich von euch finden lassen, spricht der Herr.

Nun stand ich wieder genauso verzweifelt da, denn als einen Gedanken des Friedens konnte ich meine Not nicht ansehen. Wenn ich sie betrachte, bedeutet es für mich und uns alle nur Leid. Dieser Weg, wo am Ende nach menschlichem Ermessen der Tod steht, soll uns Frieden bringen? Unbegreiflich! Ich merke beim

Schreiben, wie schwer es ist, dies alles in Worte zu fassen.

Gott gehorchen ist unheimlich schwer, wenn es um das Leben eines Menschen geht. Ich hatte nun den Rat Gottes. Nun mußte ich mich entscheiden, ob ich ihn annehme und zu allem ja sage, was er mir in den Weg schickt. Ich mußte mich entscheiden; entweder zu vollem Gehorsam und Vertrauen Gott gegenüber oder für die menschliche Vernunft. Gott hat mir ja auch einen Mann an die Seite gegeben und ein Kind geschenkt. Für sie habe ich ja auch Verantwortung und bin ihnen so lange ich kann verpflichtet, meine ganze Kraft und Liebe zu schenken. Sie haben auch ein Recht auf mich.

Es geht ja nicht nur um mich und meine Entscheidung, auch Ernst muß diesen Weg akzeptieren können, zumindest bereit sein, ein Ja zu meiner Entscheidung zu geben. Denn am Schluß ist er derjenige, der die Prügel einstecken muß, wenn ich dies alles nicht überleben sollte. Er ist dann derjenige, der sich vielleicht Vorwürfe macht oder der an Gott zerbricht, weil er ihm soviel zumutet.

Dieser Kampf hat mich schon viele Tränen gekostet. Den ersten Teil, nämlich das Ja zu diesem Weg, hab' ich nun gewagt. Ich vertraue Gott, daß er auf diesem hoffnungslosen Weg hin zu einem verheißungsvollen Weg führt. Ich vertraue, daß er trotz aller Hoffnungslosigkeit einen Weg der Rettung kennt. Es werden im Laufe der nächsten Monate bestimmt noch manch andere Kämpfe ausgefochten werden müssen; wir werden bestimmt schwere Zweifel zu bestehen haben. Zum Schluß möchte ich für Dich einen Satz aus Deinem letzten Brief zititeren: »Beim nächsten Mal überlasse ich alles Sorgen gleich Gott, das schont die Nerven.« Vergiß diesen Satz nicht, nachdem Du diesen Brief gelesen hast, denn grübeln, planen und nachdenken und nach Lösungen suchen würde Dich nur innerlich aufreiben und zermürben.

*Ich danke Dir nun, daß Du dies alles wieder angehört
hast. Du bist momentan nicht allein im Tragen dieser
Not. Mit Dir beten auch...*

Heidi hat sich gegen allen verständlichen, verantwortungsvollen ärztlichen Rat für das Kind, das in ihrem Leib heranwuchs, entschieden. Ein großer Dank gilt dem verständnisvollen Arzt, der sie in dieser Zeit der Schwangerschaft begleitet hat. Er hat ihre Entscheidung für das Leben, welche das Risiko des Nichtüberlebens für sie in sich barg, akzeptiert und sich bemüht, ihr beizustehen und zu helfen. Sie durfte die Schwangerschaft und den Kaiserschnitt überstehen und einem gesunden Mädchen das Leben schenken. Ihr Name, Manuela (von Immanuel = »Gott mit uns«), soll Zeugnis seiner Hilfe sein.

Weiß ich den Weg auch nicht, du weißt ihn wohl;
das macht die Seele still und friedevoll.
Ist's doch umsonst, daß ich mich sorgend müh',
daß ängstlich schlägt mein Herz, sei's spät, sei's früh.

Du weißt den Weg ja doch, du weißt die Zeit,
dein Plan ist fertig schon und liegt bereit.
Ich preise dich für deiner Liebe Macht,
ich rühm' die Gnade, die mir Heil gebracht.

Du weißt, woher der Wind so stürmisch weht,
und du gebietest ihm, kommst nie zu spät.
Drum wart' ich still, dein Wort ist ohne Trug,
du weißt den Weg für mich – das ist genug.

(Text: Hedwig von Redern. Als Postkarte im Verlag der St.-Johannis-Druckerei, 7630 Lahr, Bestell-Nr. 42093, lieferbar.

In der Zeit, als Heidi zur Entbindung im Krankenhaus war, hatten wir unseren Umzug nach Neudorf. Ich hatte meinen Dienst an der Pfarrstelle zu beginnen. Bis Heidi aus dem Krankenhaus entlassen werden konnte, wollten wir die Belastungen des Umzugs so weit wie möglich abgeschlossen haben.

Es war eine Umstellung für uns, aus einer Vier-Zimmer-Wohnung in ein großes Dorfpfarrhaus zu ziehen. Die größte

Schwierigkeit bestand darin, daß die Wohnung nun auf zwei Etagen verteilt war. Heidi hatte doch nicht die Kraft, die Treppe zu steigen. Jetzt, nach der Schwangerschaft und der Entbindung schon gar nicht. Wir haben eine Firma ausfindig gemacht, die uns einen Treppen-Lift-Stuhl einbaute. So konnte Heidi dann ohne fremde Hilfe die Treppe hinauf- und hinabfahren.

Es dauerte einige Wochen, bis dieser Lift-Stuhl geliefert und eingebaut war. Bis dahin trug ich meine Frau buchstäblich auf Händen, was bei ihrem Körpergewicht ja keine besondere Leistung war. War ich einmal nicht anwesend, wenn sie die Treppe überwinden mußte, mußte sie sich auf halber Höhe hinsetzen und ausruhen, so geschwächt war sie.

Das Predigen bereitete mir wenig Schwierigkeiten; dafür waren wir gründlich ausgebildet. Mehr Kraft erforderte der Unterricht an den Schulen. Neu und deshalb ziemlich aufregend für mich waren die ersten Trauungen und Beerdigungen. Doch am meisten Mühe machte die ganze Büroarbeit im Pfarramt. Darauf war ich am wenigsten vorbereitet.

Einige Wochen nach meinem Dienstantritt erzählt Heidi in einem Brief an eine Freundin:

Seit 19. August haben wir eine Tochter. Manuela heißt unser neues Familienmitglied. Sie ist auch so ein Gottesgeschenk, wie so vieles, was wir in den letzten Jahren mit und durch Gottes Hilfe erfahren haben. Vielleicht kannst Du Dich erinnern, daß ich Anfang des Jahres starke Magenbeschwerden hatte und für eine Woche im Krankenhaus war. Damals war ich im zweiten Monat. Die Ärzte im Krankenhaus rieten mir dringend zum Schwangerschaftsabbruch. Sie meinten, wenn man alle Schwierigkeiten einer normalen Schwangerschaft bedächte und dann um die gewaltige Einschränkung meiner Lungenfunktion wüßte, erschiene es unmöglich, daß wir beide das Ganze überlebten.
Warum habe ich trotz dieser Prognose keinen Schwangerschaftsabbruch vornehmen lassen? Nicht

weil ich unbedingt noch ein Kind wollte, sondern weil ich all mein Vertrauen wieder in Gott setzte und mit seiner Durchhilfe rechnete. Als ich voller Verzweiflung war, bat ich Gott um seinen Rat. Er schenkte mir das Bibelwort Jeremia 29,11–14a. Durch diese Verse wurde mir klar, daß Gott sein Ja zu diesem Weg gab und uns auch gegen jede menschliche Vernunft durchhelfen würde. Dies hört sich jetzt, nachdem alles so wunderbar überstanden ist, recht leicht und einfach an, aber es kostete mich und Ernst damals viele Tränen und viel Überwindung.

Nun, bis hierher haben wir es überlebt. Wir sind alle »gesund«, und jeder wundert sich (vor allem die Ärzte), daß dies möglich war.

Zu Beginn der Schwangerschaft hoffte ich, das Kind wenigstens bis zum 7. Monat halten zu können. Aber gegen alle Erwartung verschlechterte sich mein Zustand nur minimal. Der Arzt verschrieb mir ein Sauerstoffgerät, damit ich meiner Lunge und damit dem Blut ab und zu etwas Sauerstoff zuführen konnte. Zwei Wochen vor dem errechneten Termin wurde dann unsere Tochter durch einen Kaiserschnitt entbunden. Sie wog fast 6 Pfund und war 50 cm groß und gesund wie jedes andere Baby auch.

Das Gewicht unserer Manuela hat uns sehr gewundert. Ich habe während der ganzen Schwangerschaft nur 8 Pfund zugenommen, so daß wir mit einem viel kleineren Kind rechneten; man sah es mir erst ab dem 7. Monat an, daß ich schwanger war. Eine Woche nach der Entbindung stellte ich mich dann zum ersten Mal wieder auf die Waage, und da zeigte sie nur noch 44 kg an! Daß ein Kind so sehr am Körper der Mutter zehrt, hätte ich nicht für möglich gehalten. Trotzdem fühle ich mich eigentlich ganz wohl.

Dies ganze Geschehen ist für uns ein Wunder. Ich habe erfahren: Wer auf Gott vertraut und mit seinem Eingreifen im Leben rechnet, darf Großartiges erfahren. Doch es wäre ein Trugschluß, zu glauben, wer

Gott gehorcht und vertraut, habe keine Nöte und Probleme. Zur Zeit kämpfen Ernst und ich ganz schön, um mit den jetzigen Belastungen fertigzuwerden. Eine Woche nach Dienstantritt bekam Ernst dermaßen Schwierigkeiten mit dem Kreislauf, daß ihn der Arzt drei Wochen krankschreiben mußte. Es war einfach zu viel, was in den letzten Wochen an Belastungen für ihn da war. Der Umzug, meine Entbindung, der Neuanfang in der Gemeinde, die Ungewißheit, ob wir eine neue Haushaltshilfe bekommen. In seiner ersten Dienstwoche in der Gemeinde waren am ersten Wochenende gleich eine Beerdigung, eine Trauung und seine beiden Gottesdienste zu halten. Dies wäre alles noch zu verkraften gewesen, wenn unsere Manuela nicht jede Nacht zweimal zu versorgen gewesen wäre. Aber rund um die Uhr alle vier Stunden verlangt sie ihre Mahlzeit. Nun, wir hoffen, daß sie doch bald durchschlafen wird.

Fünf Wochen später, Manuela war inzwischen drei Monate, schrieb Heidi an dieselbe Freundin:

Manuela ist ein kleiner Sonnenschein. Wenn man sie anschaut oder mit ihr spricht, lacht sie. Manchmal meine ich, sie ist viel fröhlicher und lacht viel mehr als unser Matthias in diesem Alter. Seit einigen Wochen schläft sie nun nachts durch. Dies ist für uns eine große Erleichterung. Dadurch haben wir uns wieder ein wenig von den großen Strapazen erholt. Es geht uns wieder so gut, daß wir von Herzen singend durch den Tag gehen können, wenn auch zwischendurch wieder niederschmetternde Tage kommen.
»Am guten Tag sei guter Dinge, und am bösen Tag bedenke: Diesen hat Gott geschaffen, wie jenen, damit der Mensch nicht wissen soll, was künftig ist« (Prediger 7,14). So wollen wir jeden Tag annehmen, wie Gott ihn gerade schickt.

Solche »bösen Tage« kamen rascher, als uns lieb war. Vier Monate später, Manuela war inzwischen sieben Monate alt, wurde Heidi wieder einmal an die Grenze des Todes geführt. Sie erzählt in einem Brief:

> Die letzten sieben Wochen waren für mich wieder ein ganz großer Tiefschlag. Auf dem Wochenende mit den Pfarrverwalterfrauen habe ich mir eine schwere Erkältung zugezogen. Als ich am Sonntag abend nach Hause kam, war ich körperlich sehr überanstrengt, wobei ich teilweise dem schlechten Wetter die Schuld gab, denn ich hatte auch starke Kopfschmerzen. Im Bett hatte ich dann solche Atemnot, daß Ernst um Mitternacht losfuhr und eine Flasche Sauerstoff besorgte. Doch die Atemnot wurde immer schlimmer, so daß wir um zwei Uhr morgens den Arzt rufen mußten. Der wies mich sofort ins Krankenhaus ein. Zehn Tage lag ich dann auf der Intensivstation. Acht Tage bekam ich ununterbrochen Infusionen mit starken Medikamenten. Dann hatte ich den Infekt einigermaßen überstanden. Aber körperlich war ich wieder total ein Wrack. Ich hatte kaum die Kraft, den Löffel zu heben, um zu essen. Als ich wieder etwas kräftiger war und mich auch um häusliche Dinge etwas kümmern konnte, erwischte es mich gleich wieder, und nun kämpfe ich seit zwei Wochen mit einer hartnäckigen Bronchitis. Zu meiner Freude war sie nicht so schlimm, daß ich wieder ins Krankenhaus mußte, doch eine Woche Bettruhe blieb mir nicht erspart.

Obwohl es Heidi kaum möglich war, an Gemeindeveranstaltungen teilzunehmen, hat sie meine Arbeit innerlich mit ihrem Interesse und mit ihren Gebeten doch sehr mitgetragen. Sie erzählt in einem Brief:

> In den letzten Monaten hat es einige gute seelsorgerliche Gespräche gegeben. Dies ist für uns eine große

Freude, denn wir merken immer mehr, wie das Vertrauen der Menschen zu uns wächst, so daß oft durch kleine Anstöße ein Problem aus einem Menschen herausbricht und endlich einmal bearbeitet werden kann. Die eigentliche Arbeit des Pfarrers fängt hier erst an, doch wird jegliches Bemühen oft durch die viele Büroarbeit erstickt. Manchmal wird es schon recht viel. Wir haben momentan aber keine Schwierigkeiten, das als Familie zu verkraften, sondern finden immer wieder Zeit zur Stille und zur gegenseitigen Zuwendung. Dafür danke ich Gott von Herzen.

Im Mai 1979 schrieb sie an alle älteren Gemeindeglieder einen Brief, worüber diese sich sehr freuten. Sie schrieb:

Heute möchte ich einmal an alle alten Gemeindeglieder einen Gruß schicken. Das Heftchen ist ein kleines Geschenk der Kirchengemeinde. Ich hoffe, daß Ihnen das Lesen viel Freude bereitet und an manch schweren Tagen Hilfe und Trost sein kann.

Obwohl der Altersunterschied zwischen Ihnen und mir sehr groß ist, haben wir etwas gemeinsam, nämlich, daß unsere Kräfte sehr klein sind. Sie spüren es jeden Tag, daß Ihnen die Arbeit nicht mehr so von der Hand geht wie früher. Alles wird viel beschwerlicher. Man braucht einfach die Hilfe der Jungen. Das ist schwer einzusehen. Man muß es lernen, sich helfen zu lassen. Man muß lernen, um bisher Selbstverständliches zu bitten.

Schauen Sie, ich kann jetzt mit 24 Jahren schon nicht mehr die täglich anfallenden Aufgaben einer Hausfrau und Mutter ausüben, einfach dadurch, daß meine Lunge nur noch 30 % leistet. Diese Leistung reicht gerade aus, um im Sitzen keine Beschwerden zu haben. Nun überlegen Sie einmal, was man alles im Sitzen machen kann?

Viele von Ihnen können mehr tun. Dennoch sind viele

*unzufrieden und klagen. Das heißt doch wohl, daß
Arbeit und Leistung nicht allein Zufriedenheit und
ein sinnvolles Leben schenken. Irgendwo bleibt ein
Stück Leere, daß Sie durch alles Schaffen und Mühen
nicht füllen können, weil es Ihnen ein anderer füllen
muß.*

*Wenn für Sie bisher Arbeit der Sinn im Leben war,
dann, meine ich, wird es Zeit, daß Sie anfangen,
umzudenken. Ihr Leben wird immer nur Mühe und
Arbeit bleiben, wenn Sie Gott nicht mit einbeziehen.
Aber wie macht man das? Lernen Sie wieder neu das
Beten und Danken!*

*Gott, ich danke dir für das wenige, das ich nun noch
leisten kann. Ich weiß nicht, ob mich meine jungen
Leute verstehen. Manchmal meine ich, ich bin ihnen
eine Last, doch manchmal merke ich, wie sie sich
freuen und dankbar sind für die kleinen Dienste, die
ich mache. Öffne mir jeden Tag aufs neue die Augen
für all das Dankenswerte in meinem Leben. Amen.*

Herzliche Grüße und dem Herrn befohlen
Ihre Heidi Schwab

Aber dann gab es auch für Heidi wieder Tage, an denen
ihr alles sehr schwer wurde. Eine solche Situation schildert
sie in folgendem Brief.

*Heute ist bei uns Konfirmation. Die ganze Familie ist
zum Essen eingeladen. Leider ist dies wieder zu
anstrengend für mich, und ich mußte zu Hause
bleiben. Die Leute waren so großzügig und haben mir
den Festtagsbraten ins Haus gebracht. Schön ist es
nicht, daß ich heute so allein zu Hause sitze und die
Familie dadurch zerrissen ist. Am liebsten würde ich
in einem solchen Moment die ganze Krankheit »über
Bord werfen«. Meine ganze Dankbarkeit über das
bißchen Gesundheit schwindet bei diesen Gelegenhei-*

*ten manchmal dahin. Allein die praktische Seite, daß
Angelika, unser Hausmädchen, durch die Einladung
einen freien Tag hat, bringt etwas Licht hinein.*

Der Erlebnisbereich von Heidi beschränkte sich fast
ausschließlich auf das Haus und die Kinder. Im Winterhalb-
jahr konnte sie das Haus kaum verlassen. In der warmen
Jahreszeit konnte sie die Kinder mit dem Elektrorollstuhl
zum Kindergarten bringen und die Familie beim Spaziergang begleiten. So kommen natürlich auch die Kinder öfter
in ihren Briefen vor. Im Januar 1980 schreibt sie:

*Unsere beiden Kinder sind auch älter geworden. Die
kleine Manuela stapft mit ihren zwei Jahren schon
recht selbstsicher durch die Welt. Und beim Klettern
kommt sie manchmal ganz schön ins Schwitzen.
Nach dem Sommerurlaub baute Ernst mit den Kindern ein Holzhaus. Viele Kinder aus dem Dorf haben
daran ihre Freude. Jetzt, in der Winterzeit, ist in
unserm Garten nicht weniger los. So steht vor unserm
Haus eine Schneeburg mit einer Mauerhöhe von etwa
zwei Metern. So manche Schlacht wurde um sie schon
geschlagen, aber die Mauer hielt stand. Das Schlittenfahren bereitet den beiden natürlich großen Spaß.
Matthias ist ganz stolz, daß er allein den Berg hinun-
terrodeln kann. Für ihn bedeutet dies eine kleine
Mutprobe. Manuela dagegen genügt es nicht, nur den
Berg hinunterzurodeln, sie muß sich dabei auch noch
auf den Bauch legen wie die großen Kinder. Man
könnte ihr das Prädikat verleihen: »Marke unver-
wüstlich.« In ihrer sprachlichen Entwicklung ist sie
allerdings noch nicht so weit, wie Matthias in diesem
Alter war. Sie ist kein Typ, der viele Worte macht,
sondern schreitet gleich zur Tat.
Zur Zeit hat Matthias eine sehr große Denkphase in
seiner Entwicklung. Dies freut mich sehr, denn da
kann ich mit meiner wenigen Kraft sehr viel für ihn
und mit ihm tun. Vorgestern kam zum Beispiel die*

Frage: Können Tiere auch glauben? Und: Wann wirst du wieder gesund? Sein Wissensdurst ist sehr groß.

Sieben Jahre war Heidi inzwischen krank. Das Lesen in der Bibel, das Gebet und damit das Geborgensein in Gott waren ihr immer wichtiger geworden. Folgender Briefauszug zeigt uns, wie sie in den Krankheitsjahren nicht verbitterte, sondern im Glauben reifen durfte.

Was mir in letzter Zeit beim Bibellesen aufgegangen ist und was ich auch zu praktizieren versuche, ist die Tatsache, daß wir Gott für das, was wir im Gebet vor ihn gebracht haben, im gleichen Atemzug danken dürfen. Denn wenn ich das Gebet ernstnehme und es nicht nur eine Form des Sichausredens vor Gott ist, dann hat Gott mich dabei gehört, und dann wird er sich auch dessen, was mich bewegt oder belastet, annehmen. Darum kann ich ihm auch gleich danken. Ich brauche jetzt nur empfangsbereit zu sein für das, was er mir geben wird.
Wenn ich so beten konnte, habe ich immer erlebt, wie ich innerlich ruhig geworden bin; wie sich in mir ein Friede und eine Ruhe ausbreiten konnte, wie ich es vorher nicht kannte. Daß ich nur in Hochstimmung bin, heißt das allerdings nicht, schließlich stehen wir mit beiden Beinen noch in dieser Welt.

> Der Sinn meines Lebens besteht darin,
> jeden Tag so zu leben und zu gestalten,
> daß er für mich und meinen Nächsten lebenswert wird.
> (Heidi Schwab)

Erfahrungen mit den Kindern

Natürlich hatten unsere Kinder den Wunsch und die Hoffnung, ihre Mama würde wieder gesund werden. Sie waren daran gewöhnt, daß sie den Rollstuhl brauchte, wenn sie außer Haus wollte. Sie wußten, daß sie nicht die Kraft hatte, in den Keller oder auf den Speicher zu gehen; so war es für sie eine Selbstverständlichkeit, für sie zu laufen, wenn sie etwas brauchte. Wenn die Kinder einen Arzttermin hatten oder eine Schulfeier, war es für sie klar, daß ihr Papa mit ihnen gehen würde. Um so größer war die Freude bei uns allen, wenn es der Mutter ab und zu doch möglich war, mit uns gemeinsam etwas zu unternehmen. Die Kinder konnten sich regelrecht begeistern, als sie den Elektrorollstuhl bekam. Meine Frau freute sich einerseits auch über diese Erleichterung, andererseits war es aber deprimierend für sie, auf solch ein Hilfsmittel angewiesen zu sein. Vor allem für die kleine Manuela war es ein Vergnügen, auf Mamas Schoß mit dem Rollstuhl zu fahren.

Hin und wieder konnten wir Heidi mit ins Schwimmbad nehmen. Dann haben ihr die Kinder mit großer Begeisterung vorgeführt, was sie schon alles konnten. Meine Frau konnte ihren Kindern ihre ganze Aufmerksamkeit widmen und sich über ihre Leistungen herzlich freuen; das hat den Kindern sehr gut getan, sie beglückt und motiviert. So hatten sie nie den Eindruck, sie wären in bezug auf ihre Mutter schlechter dran als andere Kinder, obwohl sie sie oft entbehren mußten.

Ganz besonders wertvoll für die Kinder war wohl die Erfahrung: Mutter ist immer da und hat fast immer Zeit für uns. Weil sie selbst verhältnismäßig wenig Begegnungen und Erlebnisse hatte, konnte sie ausgesprochen intensiv auf die Kinder eingehen. Vor allem, wenn die Kinder Erlebnisse hatten, an denen die Mutter nicht teilnehmen konnte, wurde auch immer wieder einmal Hoffnung laut: »Gelt, Mama, wenn du einmal gesund bist, dann gehst du auch mit zum Schlittenfahren. Und dann freust du dich ganz arg.«

3. Sich auf das Sterben vorbereiten

Etwa ein halbes Jahr bevor Heidi starb, spürte ich, daß eine Veränderung in ihr vorging; nur wußte ich diese nicht richtig zu deuten. Sie fing an, anders und gründlicher als bisher über ihr Leben nachzudenken. Sie hat das oft in Bildern getan. Mir war bekannt, daß Sterbende ihre Gefühle oft in einer Bildersprache ausdrücken, und doch habe ich das in ihrer Situation nicht deutlich genug wahrgenommen. Sie hat damals einen längeren Gleichnistext geschrieben, der, wie sie meinte, ihr Leben beschreibt, ohne daß sie selbst Einzelheiten deuten konnte:

Die Narzisse
oder
Warum der Frühling nicht mehr eingeläutet wurde

Wenn sie anfing zu sprießen,
ihre Blätter trieb
und langsam ein Blütenstengel mit einer
kleinen Knospe aus ihrer Mitte hervorging,
dann endlich fing neues Leben an.
Die Kinder spielten wieder auf den Wiesen.
Die Mütter brachten ihre Wohnungen auf Hochglanz.
Die Väter bereiteten alles für die Aussaat vor.
Die Zugvögel kehrten aus dem Süden zurück
und suchten ihre alten Brutstätten auf.

Jahr für Jahr war es das gleiche – und sie war
auserwählt, den Frühling einzuläuten.

Doch eines Tages passierte es.
Vorsichtig hatte sich ihre Keimspitze
durch die Erde gearbeitet.
Tag für Tag konnte man zusehen, wie
der junge Keim kräftiger, größer wurde.

Da war auf einmal dieser Lärm um sie. –
Gerne hätte sie sich zurückgezogen,
doch sie war hilflos wie alle Pflanzen.

Ganz leise und nur für die kleine
Zwiebel hörbar passierte es dann.
Zuerst kam etwas Großes, Schwarzes auf
sie zu – dann wurde es finster um sie,
und mit einem kräftigen Druck brach ihr
zartes neues Leben entzwei. Sie spürte
noch, wie der Druck nachließ,
aber für dieses Jahr war ihr Leben zu Ende.

Lange brauchte sie, bis sie sich von
diesem Gewaltakt erholte,
bis sie sich besann,
die Kraft, die in ihr steckte, wirken zu lassen.
Also begann sie, ihre Wurzeln tiefer zu graben,
Kräfte zu sammeln – Kräfte für ein
neues Leben – ein Leben, das etwas
schwerer werden würde als bisher,
denn der schwere Tritt
hatte auch die lockere Erde gewaltig gedrückt.

Der Frühling kam wieder.
Und kaum waren die Tage wieder lang
und die Sonne warm genug,
fing sie mit mehr und neuer Kraft an
zu treiben, vorsichtig, um ja nicht
den zarten Trieb zu verletzen.
Das erste Blatt fing an sich zu bilden,
als wieder jenes Lärmen und Getrampel
der Füße anfing.

Ehe sie sich versah, war ihr Leben
wieder zu Ende.
Das Stück Erde war noch ein
Stück fester getreten worden.
Wieder besann sie sich auf die
Kraft in ihr selbst.
Doch alles war jetzt viel schwieriger.
Die Wurzeln hatten Mühe, sich
tiefer in den festen Boden zu graben.
Dem Regen fiel es schwerer, durch
den festgetretenen Boden zu sickern.

Zweimal ging der Frühling übers
Land, aber sie hatte nicht genug
Kraft. Ja, das Leben schien langsam
aus ihr zu weichen.

Plötzlich geschah etwas Unerwartetes.
Die Erde um sie erzitterte. Das feste
Band der Erde lockerte sich, und sie
fing wieder an, ihre ersten Atemzüge
zu tun.
Sie besann sich wieder auf ihre
Natur, und als der nächste
Frühling kam, trieb ein neuer
zarter Sproß aus der Erde empor.
Kaum hatte er das Licht der Welt
erblickt, als mit einem gewaltigen
Schlag alles wieder zerstört war.

Aussichtslos war nun ihre Lage.
Ein schwerer Stein lag über ihr.
Ist das das Ende?
Eine kleine Ritze blieb ihr noch.
Ein kleiner Hoffnungsschimmer.
Spärlich sickerte der Regen zu ihr
herunter. Schwer hatte es die
Sonne, sie zu wärmen.
Es war kühl um sie.

Vielleicht war das ihre Rettung,
sonst wäre sie in all den Jahren
des Dahinvegetierens vertrocknet.
Doch so blieb ein kleines Stück ihrer
Lebenskraft erhalten.
Sie hörte das Ticken der Jahresuhr,
aber es fehlte ihr die Kraft und der
Mut, ihren Rhythmus aufzunehmen.

Bis eines Tages der schwere
Stein von kraftvollen Händen
weggetragen wurde,
Luft, Licht, Wärme,
all das, was sie seit Jahren
nicht mehr gefühlt und erlebt hatte,
umgab sie mit einem Male wieder.

Es war ihr, als kehre der Frühling wieder.

Aber da waren sie wieder,
diese riesengroßen Füße. – Und der Lärm?
Sicher geht alles wieder von neuem los.

Schon wollte sich Hoffnungslosigkeit
breitmachen.
Da spürte sie, wie eine weiche, warme
Hand sie aufnahm.
Ganz vorsichtig befreite diese ihren
zarten Kern von den inzwischen
moderig gewordenen äußeren Schalenblättern
und bettete das kleine, neue Leben
in lockere, frische, feuchte Erde.

Der Rhythmus der Natur schien
sie wieder zu fassen.
Instinktsicher wußte sie, was sie
zu tun hatte.
Zart trieben neue kleine Wurzeln
hervor, die sich tiefer und tiefer
in die Erde eingruben, um
das neue Leben förmlich
aufzusaugen.

Ich las dieses Gedicht. Ich habe es damals nicht so
verstanden wie heute. Ich verstand sehr wohl, wie sie ihre
Krankheitsgeschichte hier ausdrückte, die Hoffnungen, wie
auch die immer wiederkehrenden Rückschläge und Tiefs.

Ich denke, daß der letzte Abschnitt die Umschreibung
ihres Todes ist. »Da spürte sie, wie eine weiche, warme
Hand sie aufnahm, von ihrem modrigen Kern befreite und
in neue lockere, frische Erde bettete.« Ich deute dies als die
Befreiung eines Leibes von den Leiden dieser Welt hinein in
eine neue Welt, in eine neue Erde.

Als ich das Gedicht zum ersten Mal las, etwa fünf Monate
bevor Heidi starb, dachte ich, es könnte auch ihre völlige
Heilung bedeuten.

Daß es eine große und schwere Aufgabe ist, sich auf das
Sterben vorzubereiten, ist wohl jedem bewußt. Wir wollten

uns dieser Herausforderung stellen. Wir haben uns stets bemüht, nichts zu verdrängen. Diese gegenseitige Offenheit war uns beiden wichtig, und wir empfanden sie als hilfreich.

Es mag eine »Wahrheit am Krankenbett« geben, die entmutigt und verletzt. Wir haben als Eheleute offen miteinander gesprochen über das, was uns bewegte, über unsere Ängste, Sorgen und Hoffnungen. Das war oft sehr anstrengend; doch so waren wir davor bewahrt, einander etwas vorzumachen. Wir konnten uns gegenseitig auf diesen schmerzlichen Abschied vorbereiten, und dafür bin ich dankbar. Eine solche Situation habe ich in meinem Tagebuch festgehalten.

> *An Silvester. Wir liegen in unserem Hotelzimmer in Eilat in Israel – ich wollte ihr ein paar sonnige Tage schenken, mitten im kalten Winter. Da sagt sie: »In diesem Jahr werde ich sterben.« – »Es ist möglich«, sage ich, »wir wissen es nicht.« Ich schluchze; ich heule. Mir zerreißt es das Herz.*
>
> *Sie streicht mir mit der Hand über den Kopf. Sie tröstet mich, ihren geliebten Mann. »O Schatz, es ist so schwer«, stößt es aus mir hervor. Sie sagt mir: »Ich kann einfach nicht mehr. Ich habe keine Kraft mehr zu leben. Ich will endlich sterben.« Ich: »Ich vesteh' dich ja. Ich gönn dir deine Ruhe und daß du von diesem Leiden erlöst wirst. Ich hab' dich so lieb. Ich möchte dich doch bei mir haben.« Sie wischt mir die Tränen aus den Augen. Ich streiche ihr übers Haar und den verspannten Rücken. Wir werden ruhiger. Wir sind ein Stücklein gemeinsam gestorben, haben uns ein wenig auf den Abschied vorbereitet.*

Etwa eine Woche nach diesem Gespräch hat der Arzt wieder einen Tumor in der Lunge entdeckt. An eine erneute Operation war nicht mehr zu denken. So hielten es der Arzt und ich nicht für sinnvoll, ihr diese zusätzliche bedrückende Diagnose mitzuteilen.

Bei diesem Krankenhausaufenthalt, etwa sechs Wochen

ehe sie starb, bekam sie einen Strauß Osterglocken geschenkt. Wie üblich gab es mit den Besuchern freundliche Gespräche. Ehrliche Gespräche, die aber doch nicht die Tiefe dessen erreichten, was wirklich in ihr vorging. Nachdem die Besucher gegangen waren, sagte sie zu mir: »In diesem Jahr werden für mich die Osterglocken nicht mehr blühen. Bis dahin läuten für mich andere Glocken.« Hier war es nicht mehr schwer, die Bildersprache zu verstehen. Sie meinte die Beerdigungsglocken. Natürlich hat mir diese Andeutung weh getan. Ich sagte: »Das können wir nicht wissen. Aber vielleicht hast du recht.« Vielleicht hoffte sie selbst, daß es doch nicht wahr werden würde.

Bei demselben Krankenhausaufenthalt erhielt sie von unserem Patenkind eine Karte mit einer Abbildung des Guten Hirten, der gerade das verlorene Schaf gefunden hat und nach Hause trägt. Sie sah diese Karte eine Zeitlang an und begann dann ganz spontan folgende Verse zu beten:

> Weil ich Jesu Schäflein bin,
> freu ich mich nur immerhin
> über meinen Guten Hirten,
> der mich wohl weiß zu bewirten,
> der mich liebet, der mich kennt
> und bei meinem Namen nennt.
>
> Unter seinem sanften Stab
> geh ich ein und aus und hab
> unaussprechlich süße Weide,
> daß ich keinen Mangel leide;
> und so oft ich durstig bin,
> führt er mich zum Brunnquell hin.
>
> Sollt ich denn nicht fröhlich sein,
> ich beglücktes Schäfelein?
> Denn nach diesen schönen Tagen
> werd' ich endlich heimgetragen
> in des Hirten Arm und Schoß.
> Amen, ja, mein Glück ist groß!
>
> (Henrietta Marie Luise v. Hayn)

Ich saß neben dem Bett und weinte. Ich wußte, was sie meinte, und spürte, wie sie sich, nach dem Trost des Glaubens ringend, auf das Sterben vorbereitete. Wir hatten dieses Lied in unserer Familie nie miteinander gesungen. Es ist aus ihrer Kinderzeit in ihr lebendig geblieben. Seit dieser Stunde ist es mir sehr wertvoll geworden, und ich singe es nun öfter mit meinen Kindern. Mir ist hier neu deutlich geworden, wie wichtig es ist, daß unsere Kinder gute und wertvolle Lieder lernen.

Gerade in den letzten Wochen, in denen ihre Kräfte weniger wurden, haben wir oft miteinander geredet. Es bedrückte sie, daß sie spüren mußte, wie vor allem die innere Zuversicht schwand. So sagte sie einmal zu mir: »Meine Augen werden nie mehr richtig strahlen wie früher. Ich werde keinen mehr richtig froh und glücklich machen können.«

So war sie. So wollte sie ihre kleine Kraft einsetzen. Menschen annehmen, auf sie eingehen, trösten, lieben, beglücken und dabei ihren Heiland bezeugen.

Ich antwortete ihr (oder dachte ich es nur?): »Deine Augen sind nicht mehr so funkelnd und voller Lebensfreude wie früher, aber das kann dir Gott zurückschenken. Und trotz aller Schwachheit, wenn deine Kinder zu dir kommen oder Besucher, strahlst du so viel Frieden aus. Bei dir fühlt sich jeder angenommen, verstanden, geliebt. Du bist selbst in deiner Schwachheit ein Segen.«

Anfechtungen

Obwohl wir einander aufrichtig liebten und trotz allen Glaubens, blieben uns Anfechtungen nicht erspart. Wir hatten eine sehr herzliche Liebesbeziehung. Wir haben das auch öfter voreinander ausgesprochen: »Es ist kaum zu fassen, daß man trotz allem Leid so glücklich miteinander sein kann.«

Doch es wäre unredlich zu verschweigen, daß es auch in unserer Ehe eine echte Krise gab. Es fällt mir nicht leicht, über diesen Abschnitt zu berichten. Ich konnte mir nicht erklären, warum es etwa ein halbes Jahr vor Heidis Tod zu dieser Krise kam. Es würde mir leichter fallen, über Anfechtungen in unserer Gottesbeziehung zu berichten, als darüber, daß es zwischen uns zu einer Vertrauenskrise kam. Wir beide spürten das und waren nicht in der Lage, es zu verhindern. Wenn ich mich richtig erinnere, gab es Tage, an denen es uns schwerfiel oder gar unmöglich war, miteinander zu beten. Wo aber das gemeinsame Gebet in der Ehe fehlt, fehlt der Ehe eine entscheidende Dimension. In diesem gemeinsamen Hintreten vor den Thron Gottes wird die Vertrauensbeziehung zu dem lebendigen Gott und die Vertrauensbeziehung untereinander vertieft, wie es auf andere Weise wohl kaum möglich ist. So wurde uns beiden schmerzlich bewußt, daß unsere Beziehung einen tiefen Riß bekommen hatte.

Erst Monate nach dem Tod meiner lieben Frau habe ich folgende Aufzeichnungen gefunden, die mich tief getroffen haben. Wir haben zwar über all die Probleme, die sie hier anspricht, miteinander gesprochen. Doch von diesen Aufzeichnungen wußte ich nichts.

Etwas zwischen uns ist zerbrochen. Seit Wochen sind wir uns fremd. Ich finde zu ihm keinen Zugang mehr. Es ist wie ein Vertrauensbruch. Ich kann ihm nichts mehr sagen. Alles, was mich bewegt, bleibt in mir. Wenn er vor mir sitzt, bring' ich es nicht fertig, etwas zu erzählen. Er versteht mir ja doch nicht zu helfen. Ich bin resigniert. Ich sehe keinen Ausweg aus meiner Situation. Alles, was ich versuche, geht schief. Alles, was ich anfange und anpacke, wird zu einem Fehler oder einem Versagen. Ich hatte noch nie solche Minderwertigkeitsgefühle wie jetzt. In allem höre ich gleich das Negative. Ich kenne mich selbst nicht mehr. Früher hatte ich eine viel positivere Einstellung zu allem.
Warum hat er nur Zeit für die Probleme und Nöte und den Alltag der anderen? Warum verausgabt er seine ganze Zeit für andere? Muß er dies wirklich von Berufs wegen so stark? Habe ich eigentlich ein volles Ja zum Beruf meines Mannes gesagt? Ja, aber nicht

dazu, daß ich die »Pfarrerin« sein soll? Ich fühle mich da von ihm einfach überfordert.

Ich solle in seinen Händen aufblühen wie eine Blume, sagte er einmal vor langer Zeit zu mir. Aber ich habe keine Sonne, keine Wärme, kein Licht, keinen Boden, keinen Halt. So meine ich auf jeden Fall beim ersten Hinschauen. Soll dieser dünne Stecken mein Halt sein, soll ich unter diesem bißchen Sonne zum Blühen kommen, soll dieses bißchen Boden, das er mir bietet, zu allem ausreichen? Ach, könnte ich doch zufriedener sein! Warum kann ich mit dem Wenigen nichts anfangen?

Aber es sind Tatsachen – Tatsachen, wieder so ein Schlagwort, mit dem ich nicht fertig werde. Warum schaffe ich es nicht, mit den Tatsachen zu leben?

Was bin ich ihm überhaupt noch wert? Wozu braucht er mich denn? Früher war ich ihm viel wert, aber jetzt bin ich anscheinend nur Last, Anlaß für viele Probleme, nur Ärgernis, nur Gebrauchsgegenstand, um manchmal glücklich zu sein. – Dieser Satz tut mir sehr leid, denn ich weiß, daß er nicht berechtigt ist.

Eigentlich braucht er mich gar nicht. Sein Leben würde viel reibungsloser ablaufen, wenn er sich nicht andauernd mit mir herumärgern müßte.

Ich bin mit meinen Gedanken an einem Punkt angelangt, wo mir klar wird, daß wir dabei sind, uns voreinander zu verschließen. Der eine sieht nicht mehr in alle Bereiche (Erlebnisbereiche, Gefühlsbereiche...) des anderen. Ich weiß nicht, ob dies so im Laufe einer Ehe kommt, ob dies gut ist, ob dies eine Art Schutzreaktion sein soll. Ich kann es bisher aber nicht bejahen. Alle Konflikte kommen daraus, daß man nicht alles weiß vom anderen oder nicht alles sagt, oder etwas Verkehrtes sagt. Ich schaffe es aber nicht, mit dem, was ich erlebe, denke, fühle, allein zurechtzukommen. Ich brauche ihn, aber er braucht mich nicht. Für ihn gibt es dieses »jemanden brauchen« nicht, weil er stärker ist und allein damit

fertig wird. Dies ist auf jeden Fall mein Eindruck. Je
länger ich jetzt aber alles zurückstaue, um so schwieri-
ger wird alles. Immer mehr Barrieren bauen sich
zwischen uns auf. Am liebsten möchte ich auf und
davon, irgendwohin, wo ich ihn nicht sehe, dann wäre
ich diese ganzen Konflikte los.

Zunächst war ich zutiefst betroffen, als ich diese Aufzeichnungen fand. Ich weiß, sie sind nur eine Momentaufnahme.
Trotzdem hat es uns beide damals sehr beschäftigt, daß es zu
dieser Krise kommen konnte.

Ich bin dankbar, daß wir über die hier angesprochenen
Probleme miteinander sprechen konnten. Das waren an-
strengende und mühsame Stunden. Doch es wäre noch viel
schlimmer, wenn diese Dinge zwischen uns nicht zur Sprache
gekommen wären. Wir haben einige mögliche Ursachen zu
dieser Krise gefunden und eigene Schuld voreinander bekannt. Ich hatte mich vielleicht inzwischen zu sehr an ihre
Krankheit gewöhnt und sie manchmal überfordert. Heidi
ihrerseits kam in eine Phase der Auflehnung. Sie wollte sich
nicht mehr damit abfinden, daß sie immer krank sein sollte,
und hat sich deshalb öfter selbst überfordert. Sie ist wieder
selbst mit dem Auto gefahren und hat Massagen in Anspruch
genommen, die ihr auch guttaten. Andererseits aber hatte sie
wohl zu große Erwartungen in diese Behandlung gesetzt, die
nicht in Erfüllung gingen, und so war sie enttäuscht. Bei einer
christlichen Versammlung wurde sie unter Handauflegung
gesegnet, und sie hoffte, dies würde einen Durchbruch zur
Genesung auslösen, was aber auch nicht geschah.

Bisher hatte Heidi ihre Krankheit angenommen und
geduldig getragen. Jetzt wollte sie ihre Krankheit endlich
überwinden. Sie hatte, wie ich meine, übergroße Hoffnung in
Menschen gesetzt, die nicht erfüllt werden konnten. So kam
sie bald in eine Haltung der Resignation und der Depression.
Ich weiß, daß solche Phasen der Auflehnung in fast jeder
Krankheitserfahrung vorkommen, und doch wünschte ich,
es wäre ihr erspart geblieben. Gott weiß, warum sie, warum
wir durch dieses Tief mußten.

Mir ist durch diese Erfahrungen noch deutlicher geworden, wie wichtig es für jeden von uns ist, daß er einen Seelsorger seines Vertrauens hat, mit dem er sein Leben immer wieder vor Gott beleuchten und Schuld vor Gott bekennen kann. Mir ist durch diese Erfahrung noch wichtiger geworden, daß wir darauf achten, daß die Vertrauensbeziehung in der Ehe durch nichts gestört wird.

In dieser Zeit der Krise schrieb Heidi auch folgenden Gleichnistext über die Sonnenblume:

Die Sonnenblume

Strahlend schön sieht sie aus –
Freude, Licht und Wärme
strahlt uns an.
Es freuen sich so viele an ihr.

Doch im Grunde ist sie einsam.
Sie lacht – doch sie ist einsam.
Wer sie sieht, glaubt,
sie sei die Glücklichste
unter der Sonne.
Doch in ihr steckt eine tiefe Traurigkeit.
Du sagst, sie hat doch keinen Grund,
traurig zu sein.
Es ist doch so viel Leben – so viel Grün –
um sie herum.
Glaube mir, sie ist ganz allein.

Sie würde viel lieber auf dem Feld
bei den anderen Sonnenblumen stehen.
Sicher – sie würde dann eine von vielen sein.
Ihre einzigartige Schönheit würde dann
nicht mehr so leuchten.
Ihre Schönheit wäre nichts Besonderes mehr.
Aber was macht das?
Sie weiß ja, daß sie einmalig – einzig – ist.
Doch auf dem Feld wäre sie endlich
nicht mehr einsam.

Doch es ist ihr Schicksal –
abgeschnitten von allen anderen,
unfähig, den Weg zurück zu finden zu den anderen.

Ihr bleibt allein die Erinnerung –
und die Aufgabe,
den Sinn ihres Daseins zu erfüllen,
bis zu ihrem Ende.

(Heidi Schwab, 17. September 1982)

Was Heidi mit diesem Gleichnistext meint, deutet sie selbst:

> Es war einmal ein Mädchen, das war seit Jahr und Tag krank. Alle, die es kannten, hatten es auf jeden Fall nie gesund gesehen, obwohl es natürlich auch für *sie* einmal gesunde Tage gegeben hatte. Doch das war schon lange her, selbst das Mädchen wußte nicht einmal mehr, wie das eigentlich war, als es noch gesund und fröhlich in den Tag lebte. Damals hatte es noch viele gute Freunde, mit denen es unbeschwert und in allem Übermut herumtollte. Einer von ihnen hatte es so sehr ins Herz geschlossen, daß er immer für es sorgen wollte. Und er tat es mit seiner ganzen Liebe und Fürsorge.

Daß sie neben ihrem geliebten Mann auch zwei liebe kleine Kinder zurücklassen mußte, machte ihr das Abschiednehmen aus dieser Welt noch schwerer. Einmal sagte sie: »Ich hätte so gern für meine Familie gesorgt.«

Zwar hat sie mich oft ermutigt, war gütig und freundlich gegen jedermann, besonders auch zu den Kindern, andererseits aber war sie oft zutiefst traurig bei dem Gedanken, daß sie nicht mehr gesund werden könnte und uns vielleicht bald verlassen müßte.

Erfahrungen mit den Kindern

Ich kann nicht sagen, wir hätten die Kinder auf das Sterben ihrer Mutter vorbereitet, jedenfalls nicht direkt. Vielleicht haben sie uns vorbereitet.

Zweimal in den letzten Wochen vor Heidis Tod hatten wir beim Zu-Bett-Bringen der Kinder etwa folgendes Gespräch. Unsere inzwischen fünfjährige Manuela sagte: »Mama, wenn du gestorben bist, pflanzen wir schöne Blumen auf das Grab und werden es auch jeden Tag gießen.« Ich sah meine Frau besorgt an. Ich konnte mir nicht erklären, wie Manuela auf solche Gedanken kam. Manche wären vielleicht entsetzt gewesen und hätten gesagt: »So etwas sagt man doch nicht!« Aber Heidi spürte, daß ihre kleine Tochter ihr sagen wollte: Mama, du bist uns wertvoll über den Tod hinaus, und wir haben dich sehr lieb. Und sie sagte zu den Kindern: »Ich freue mich, daß ihr so liebe Kinder seid. Ich habe euch sehr lieb.« Nach dem Abendgebet gab es besonders herzliche Gute-Nacht-Küsse. Wir Eltern freuten uns über diese kindliche Unbekümmertheit, auch wenn sie uns innerlich weh getan hat, weil wir wußten, daß dies bald traurige Wirklichkeit werden könnte.

Ein anderes Mal sagte Manuela: »Mama, wenn ich gestorben bin, dann laß ich mich neben dir begraben. Dann komm ich zu dir rüber und besuch dich.« Wir mußten alle lachen, und unser achtjähriger Matthias meinte: »Das geht ja gar nicht. Wenn man tot ist, kann man sich nicht mehr bewegen.« Ich sagte: »Noch haben wir ja die Mama bei uns. Und darüber freuen wir uns sehr. Wir können ja nicht wissen, wann sie stirbt und wann wir sterben.«

Ich hielt es weder für sinnvoll noch für nötig, den Kindern mit meinem Verstand und mit erwachsenen Überlegungen ihre bildhafte und verschönernde Vorstellung vom Tod zu zerstören. Andererseits haben wir unsere Kinder bewußt nicht ferngehalten von der Realität des Todes. Heidi hat mit den Kindern öfter vom Pfarrhaus aus zugesehen, wenn ich auf dem anliegenden Friedhof eine Beerdigung hielt, und all ihre kindlichen Fragen freimütig und ehrlich beantwortet.

Am letzten Nachmittag, den meine Frau zu Hause verbrachte, drei Tage bevor sie starb, ging es ihr sehr schlecht. Von dem ständigen Husten und Ringen nach Luft war sie total erschöpft. Kraft zu Gesprächen hatte sie nicht mehr. Ich habe ihr Choräle auf der Heimorgel vorgespielt. Das wollte sie gern hören. »Das tut so gut«, sagte sie.

An diesem Nachmittag ging die fünfjährige Manuela zweimal hin zu ihrer Mama, nahm ihren Kopf zwischen ihre

Hände und sagte: »Mama, der liebe Gott ist bei dir. Gott segne und behüte dich.« Ich habe das schweigend, staunend und mit innerer Ergriffenheit zur Kenntnis genommen. Es war so, als ob das kleine Kind spürte: Billige Worte helfen hier nicht mehr. Es war mir, als ob das kleine Kind deutlicher spürte als wir Erwachsenen, daß dies die letzten Stunden mit ihrer Mutter sein würden. Wer hat hier eigentlich wen auf das Sterben vorbereitet? Wir Eltern die Kinder oder sie uns?

Abschied von der Gemeinde

Bei ihrem vorletzten Krankenhausaufenthalt hatte sich meine Frau vorgenommen: »Wenn ich noch einmal aus dem Krankenhaus nach Hause komme, werde ich einen kleinen Brief für den Gemeindebrief schreiben.« Ich habe mich sehr gefreut, daß dies noch möglich geworden ist. Sie schrieb:

1. Februar 1983

Liebe Gemeindeglieder!
Durch meinen Mann und die Kinder und Frau N. haben mich inzwischen viele Grüße und Genesungswünsche erreicht. Dafür möchte ich mich auf diesem Weg bei Ihnen allen recht herzlich bedanken, besonders auch für alle verborgene Fürbitte.
Ich bin sehr dankbar, daß ich so bald aus dem Krankenhaus entlassen werden konnte und wieder bei meiner Familie sein kann.
Ich bin sehr dankbar, daß mir mein Mann in dieser Zeit so gut beistehen konnte und einige Lektoren ihm bei den Gottesdiensten zur Seite standen. Daß diese Bereitschaft, sich von Gott gebrauchen zu lassen, anhält und sich auf viele Bereiche des Gemeindelebens auswirkt, ist mein Gebet.
Vielleicht haben Sie es auch schon erlebt, daß gerade schwere Schicksalsschläge, die uns den Tod vor Augen

halten, neu in die Stille vor Gott führen. Dabei ist mir neu wichtig geworden, wie sehr wir Gottes Barmherzigkeit nötig haben und mit welcher Liebe er uns entgegenkommt. Wie der verlorene Sohn erlebte auch ich Gottesferne und Verzweiflung, die uns in solch schweren Stunden überfällt. Die Zusage: »Gott hält dich fest!« trug mich (und meinen Mann) durch die letzten Wochen. Daß Gott uns mit all unseren Schwächen und Nöten annimmt, half mir, jetzt auch meine Situation neu anzunehmen, und gab mir wieder neue Freude ins Herz. Der Satz aus Nehemia 8,10 ist mir sehr wichtig geworden: »Bekümmert euch nicht; denn die Freude am Herrn ist eure Stärke.«

Wenn mich jemand besuchen möchte, wäre ich dankbar, wenn Sie vorher anfragen könnten. Denn mehr als ein Besuch am Tag ist doch recht anstrengend für mich.

In dankbarer Verbundenheit grüßt Sie

Heidi Schwab

Unsere Schwachheit – und die Kraft des Gebets

Wir hatten Zeiten, da hatte Heidi nicht einmal mehr die Kraft, in der Bibel zu lesen oder Bibeltexte aufzunehmen, auch kaum mehr die Kraft, eigene Gebete zu formulieren. Es war für uns ein Geschenk des Himmels, daß wir in dieser Zeit auf ein Büchlein mit Gebeten gestoßen sind. In Stunden, in denen sie zu nichts mehr Kraft hatte, in denen uns beiden die Worte fehlten, viel miteinander zu reden, bat sie mich: »Lies ein paar dieser Gebete mit mir!«

Ich stehe am Ufer,
und die Stille ist voll
deiner Gegenwart

Ich warte auf ein Wort
aus einer anderen Welt
von dir.

Ich weiß,
daß du mich siehst,
und öffne dir mein Herz.

Ich war allein
mitten unter den Menschen
Nun bin ich in dir.

Ich war gefangen
in mir selbst.
Nun bin ich frei.

Ich atme den Wind
und die Weite.
Ich atme dich.

(Text: Jörg Zink, Kreuz-Verlag, Stuttgart)

Wenn wir selbst unfähig sind, mit einem Sterbenden zu beten, können uns solche Gebete oder Psalmen weiterhelfen. In jedem christlichen Haus sollte wenigstens ein gutes Gebetbuch vorhanden sein. Für mich ist es kein Zeichen mangelnden Glaubens, wenn wir uns in Stunden bitterster Not an Hand von Gebeten anderer weiterhelfen lassen.

Immer wieder wichtig wurden uns auch gesungene Lieder, die wir von Schallplatten hörten. Ich nenne hier als Beispiel einen Text aus dem David-Oratorium von Siegfried Fietz.

Du bist mein Licht, Herr

Du hast, Herr, deine Spur geprägt
in meinem Herzen.
Du zogst mich näher hin zu dir
durch unverdiente Freundlichkeit
wie auch durch Schmerzen.

Du bist mein Licht, Herr, bist mein Heil.
Vor wem sollte mir grauen?
Du läßt im Angesicht des Feindes
mich meine Hütte bauen.

Wenn ich zerschlagen, Herr, und blind
im Dunkel stehe,
bist du als Retter mir ganz nah
und machst, daß auch im finstern Tal
ich dich noch sehe.

Du bist mein Licht, Herr, bist mein Schutz.
Vor wem sollte mir grauen?
Du führst mich auf der rechten Straße
und läßt das Ziel mich schauen.

Mein Leben ist, Herr, ganz und gar
in deinen Händen.
Und wär von mir bis hin zum Tod
auch nur ein allerletzter Schritt,
du kannst es wenden.

Du bist mein Licht, Herr, meine Kraft.
Vor wem sollte mir grauen?
Selbst wenn die Flammen mich umgeben,
darf ich dir fest vertrauen.

(Text: Johannes Jourdan. © ABAKUS Schallplatten & Ulmtal
Musikverlag, 6239 Greifenstein 2

Dann, wenn der Mensch nur noch
nach dem Erbarmen Gottes schreit,
entdeckt er das Wesentliche (seines Lebens),
entdeckt er die Wahrheit.

(Heidi Schwab)

4. Die letzte Wegstrecke

Heidi hatte den Wunsch, zu Hause zu sterben. Dieser Wunsch konnte nicht in Erfüllung gehen. Als ich um ihre Zustimmung bat, den Krankenwagen rufen zu dürfen, sagte ich ihr: »Wenn wir wüßten, daß du in dieser Nacht sterben darfst, würden wir zu Hause bleiben. Aber es kann ja sein, daß Gott dir noch einmal Besserung schenken möchte, daß du uns noch einige Zeit erhalten bleibst oder daß sich diese schreckliche Atemnot noch tagelang hinzieht. Es wäre verantwortungslos, die mögliche Hilfe, die es im Krankenhaus gibt, nicht in Anspruch zu nehmen.«

Ich begleitete sie selbstverständlich, als sie ins Krankenhaus gebracht wurde. Ich mußte erleben, wie die Sanitäter und der Notarzt ihren Zustand nicht richtig einschätzen konnten und deshalb sehr hilflos waren. Ihre schlimme Atemnot machte sie ziemlich nervös. Sie befürchteten anscheinend, meine Frau würde während des Transports sterben. Ich hatte solche fürchterlichen Atembeschwerden bei meiner Frau schon öfter miterlebt und konnte von daher viel ruhiger auf sie eingehen. Ich konnte den Sanitätern einiges über die Krankheit meiner Frau erzählen. Dies war für sie wenigstens eine kleine Orientierungshilfe. Noch wichtiger war es für meine Frau, ihren Mann in ihrer Nähe zu wissen. Ich hielt ihren Kopf, der ihr zu schwer wurde. Hinlegen konnte sie sich nicht, das hätte die Atemnot noch verstärkt. Auch war ich anscheinend mit der Bedienung eines Sauerstoffgerätes besser vertraut als die Sanitäter.

Dankbar atmete Heidi auf, als sie im Krankenhaus von einem ihr schon bekannten Arzt freundlich und mit ruhiger Stimme empfangen wurde. Wir beide waren sehr dankbar, daß ich die letzten Nächte bei ihr im Krankenhaus sein konnte. Viele kleine Handgriffe konnte ich ihr tun. Ich konnte zuhören, wenn sie reden wollte. Besonders hilfreich für sie war, daß sie in den bangen, schlaflosen Nachtstunden nicht allein war.

Was wir in der Abschiedsstunde eines lieben Menschen erleben und empfinden, ist so gewaltig und tief wie kaum ein anderes Erlebnis. Manche Eindrücke verblassen wieder, deshalb bin ich dankbar für das, was ich in der damaligen Situation festgehalten habe. Wenn wir dem Sterben eines lieben Menschen standhalten, werden wir anschließend bewußter und dankbarer leben.

Meine Frau lag die ganze letzte Nacht bereits im Koma, wie das medizinisch heißt. Für mich bedeutete das: Ich mußte (oder durfte) miterleben, wie die Lebenskräfte in ihr schwanden. Ich notierte in mein Losungsbüchlein:

> *Sie hat sich die ganze Nacht nicht gerührt, sie liegt völlig leblos und schwach im Bett und hat starre Augen. Ich bete Gesangbuchlieder und weine immer wieder.*

In den frühen Morgenstunden schrieb ich einen Brief an einen guten Freund, der als Missionar in Tansania arbeitet:

> *Lieber Gerhard!*
> *»Ich hebe meine Augen auf zu den Bergen. Woher kommt mir Hilfe? Meine Hilfe kommt von dem Herrn, der Himmel und Erde gemacht hat.«*
> *Heidi meinte zu diesem Psalmvers: »Der Mensch, der das gebetet hat, muß ziemliche Angst gehabt haben.«*
> *Und Herr Lierler sagte darauf: »Ja, vor den Räubern auf der gefährlichen Straße nach Jerusalem.«*
> *Nun, die letzte Teilstrecke ihres Lebens, die auch von manchen Ängsten gekennzeichnet war, hat Heidi nun hinter sich gebracht. Seit gestern liegt sie im Koma. Ihr ganzer Körper ist schlaff und leblos. Angestrengt röchelt sie vor sich hin. Sie hat offensichtlich keine Ängste und keine Schmerzen mehr.*
> *Wie der Rest der Familie, hatte Heidi in der letzten*

Woche eine Grippe bekommen, und das hat den Rest ihrer Kräfte verzehrt. Am Dienstag, den 1. März, sind wir erneut ins Krankenhaus nach Gunzenhausen gefahren. Am ersten Tag haben ihr die Infusionen etwas Erleichterung gebracht. Aber gestern ging es dann rapide abwärts. Den ganzen Tag lag sie ziemlich teilnahmslos, ab und zu unterbrochen durch ein kraftloses Stöhnen. Gestern nachmittag gegen 16 Uhr fuhr ich nach Neudorf. Sie stöhnte: »O Schatz.« Ich sagte: »Ich komm doch in ein paar Stunden wieder. Jesus ist bei dir.«

Als ich nachts gegen 23 Uhr wieder ankam, empfing mich der Arzt mit den Worten: »Gut, daß Sie wieder da sind. Der Sauerstoffgehalt im Blut hat beängstigend abgenommen. Der ganze Körper wird übersäuert, und dadurch werden alle Organe geschädigt und versagen. Sie wird nicht mehr zu Bewußtsein kommen.«

Heute früh sagte der Oberarzt bei der Visite: »Ja, da sind wir mit unseren menschlichen Möglichkeiten am Ende.«

Da erleide ich nun hilflos, weinend und betend, wie einst Maria unter dem Kreuz, das erste wirkliche Golgatha meines Lebens. Obwohl wir ja in den acht Jahren, seit Heidi krank wurde, schon viele Gethsemanes durchlitten haben.

Es ist mir so schwer, für immer von Heidi Abschied nehmen zu müssen, obwohl sie sich in letzter Zeit aufrichtig nach dieser Erlösung von ihrem Leiden gesehnt hat und ich das auch verstehen und bejahen kann. Ich wünsche ihr von Herzen, daß unser Herr und Heiland sie bald zu sich nehmen möge. Schwer wird mir ums Herz, wenn ich an meinen weiteren Weg und an unsere beiden Kinder denke. Werde ich sie so begleiten können, daß sie den Verlust der Mutter ohne seelischen und geistlichen Schaden ertragen können? Zum ersten Mal muß ich aus tiefstem Herzen sprechen: Mir ist bang vor dem Morgen.

Auf die Kranzschleife möchte ich drucken lassen: »Ich habe dich je und je geliebt, darum habe ich dich zu mir gezogen aus lauter Güte« (Jeremia 31,3). Über die Todesanzeige will ich setzen: »Leben wir, so leben wir dem Herrn; sterben wir, so sterben wir dem Herrn. Darum: Ob wir leben oder sterben, so gehören wir dem Herrn« (Römer 14,8).

Im Laufe des Vormittags spürte ich: ich kann nicht mehr. Ich ging zum Telefon und rief einige Christen an, von denen ich wußte, daß sie mit mir beten können. Ich bat sie, zu mir ans Sterbebett zu kommen. Ich war so dankbar, daß sich vier Freunde bereit fanden, die alles stehen und liegen ließen, um zu uns ins Krankenhaus zu kommen. Als die vier das Krankenzimmer betraten, sagte ich ihnen: »Ich bitte euch, nicht gegen den Willen Gottes anzubeten. Betet sie in die Arme Jesu.« Auch jetzt noch hielt ich es für möglich: Wenn Gott will, kann er sie gesund machen. Oder er nimmt sie eben auf in sein himmlisches Reich. In einem Buch las ich einmal: Der Tod ist die letzte Heilung, das Ablegen aller irdischen Gebrechen und Krankheitsnöte.

Die vier Beter nahmen mich nacheinander schweigend in ihre Arme. Ich spürte, ich bin nicht allein; das tat gut. Sie reihten sich um das Sterbebett, sprachen einige trostvolle biblische Segensworte und beteten gemeinsam. Dann feierten wir das heilige Abendmahl miteinander. Diese Mahlfeier war Ausdruck unserer Verbundenheit mit Christus, die auch durch den Tod nicht zerstört werden kann. Wir sind gewiß, daß Christus über Tote und Lebendige Herr ist und daß er dem Tod die Macht genommen hat (2. Timotheus 1,10). Wir feierten dieses Mahl in der Gewißheit, daß Christus für Heidi gegenwärtig ist und bleibt, auch wenn wir ihr nichts mehr geben können. Ich sprach den Vers: »Christi Blut und Gerechtigkeit, das ist mein Schmuck und Ehrenkleid, damit will ich vor Gott bestehn, wenn ich zum Himmel werd eingehn.«

Wenige Minuten nach dem gemeinsamen Vaterunser und der Segnung durch die Mitchristen kam ihr vielgeplagtes Herz für immer zur Ruhe.

Diese betenden Mitchristen in dieser Stunde bei mir zu haben, war für mich eine gnädige Führung unseres Herrn. Und doch war alles unbeschreiblich schmerzlich: Ein Stück meines eigenen Lebens war weggerissen. Wie sollte ich weiterleben, wie sollte diese Wunde heilen? Ich kam mir vor wie ein Amputierter. Heidi ist jetzt bei Gott, ja, gewiß... und doch, der Tod ist kein harmloses Einschlafen.

Am nächsten Tag gehe ich mit meinen Kindern zweimal in die Leichenhalle, in der ihre Mutter aufgebahrt liegt. Wir wollen ungestört von ihr Abschied nehmen. Wir sprechen darüber, was sie uns bedeutete. Wir sprechen über die Krankheit und das Sterben und daß wir jetzt zusammenhalten müssen. Ich sage den Kindern, daß sich die Mama freut, wenn wir auch ohne sie gut zurechtkommen. Wir werden sie sehr vermissen. Aber sie soll, wenn wir uns im Himmel wiedersehen, sagen können: Ich freue mich, daß ihr, nachdem ich nicht mehr bei euch sein konnte, so gut zurechtgekommen seid.

Die wahre Bedeutung eines Menschen erkennen wir erst, wenn wir ihn verlieren. Angesichts des Todes erkennt der Mensch, wie nichtig die Wichtigkeiten seines Lebens waren.

(Heidi Schwab)

Ermutigung zur Seelsorge

Je schwächer ein Mensch wird und je deutlicher er spürt, daß es gilt, Abschied zu nehmen von dieser Welt, um so größer wird seine Sehnsucht nach Geborgenheit, nach einem lieben Menschen, der ihm beisteht. Es gibt Situationen, wo dieses Nahesein nicht möglich ist. Auch ich mußte meine Frau immer wieder einmal für einige Stunden allein lassen; das ist uns beiden oft sehr schwergefallen. Sie hätte ja gerade in diesen Stunden sterben können.

Die Sterbestunde läßt sich nicht voraussehen oder einplanen. Doch soviel an uns liegt, sollten wir alles daransetzen, einen Schwerkranken oder Sterbenden nicht allein zu lassen.

Die meisten Menschen haben wohl die ehrliche Absicht, dem Leiden und Sterben gegenüber tapfer zu sein. Wenn dann jedoch ein naher Angehöriger auf dem Sterbebett liegt, schwindet oft sehr rasch der Mut. Man wagt es nicht, dem Schwerkranken die Wahrheit zu sagen. Man entschuldigt diese Hilflosigkeit gerne mit dem Vorwand, man wolle dem Kranken nicht die Hoffnung nehmen. Aber oft spürt der Kranke, wie es um ihn steht, und es macht ihn einsam, wenn er nicht offen darüber reden darf. Warum wollen manche Angehörige dem Sterbenden verbieten, seine Angst auszusprechen? Doch wohl deswegen, weil sie der unangenehmen Wahrheit ausweichen möchten, denn jeder von uns ist mehr oder weniger leidensscheu.

Wie können wir einen Schwerkranken ermutigen, das auszusprechen, was ihn bewegt? Nicht indem wir bohrende Fragen stellen. Selbst die Anbiederung »Mir kannst du doch alles sagen« klingt eher nach Neugierde als nach wirklicher Anteilnahme. Wer einem Schwerkranken oder Sterbenden beistehen will, braucht vor allem Zeit und Geduld. Schweigend am Krankenbett zu sitzen, ist für den an Geist und Leib Geschwächten oft eine größere Hilfe, als ihn mit oberflächlicher Unterhaltung abzulenken. Mit einem kühlen Waschlappen die heiße Stirn zu erfrischen, ist mehr, als mit gutgemeinten Beschwichtigungen die ernste Situation herunterzuspielen.

»Es wird schon wieder« ist meist eine wenig hilfreiche Floskel. »Ich will für dich beten« bringt dagegen zum Ausdruck, daß ich genauso hilflos bin wie der Kranke selbst, daß ich aber mit ihm und für ihn auf die Hilfe und Fürsorge eines Größeren hoffe. Wir haben nicht den starken Mann zu spielen, sollten auch vor dem Schmerz nicht fliehen, sondern sollen einfach ehrlich sein und dem Kranken in Liebe beistehen.

Wir haben erlebt, daß es auch ein voreiliges, billiges Trösten gibt. Wenn zum Beispiel der Kranke den Eindruck

58

bekommt, daß der Besucher unbedingt ein Bibelwort anbringen muß, um seine missionarische Pflicht erfüllt zu haben, kann dies für den Kranken eher enttäuschend als hilfreich sein. Natürlich meint es der Besucher gut. Er kommt mit der Erkenntnis, daß letztlich nicht er, sondern nur Gott trösten kann. Doch hat der Kranke ein sehr feines Gespür dafür, ob der Besucher wirklich auf ihn eingeht oder ob er eine Pflicht erfüllen will.

Vor einem Krankenbesuch mache ich mir Gedanken: Was könnte ich mitbringen, was könnte ich sagen? Doch vor allem ist es wichtig, daß ich zuhören kann. Oft hat der Kranke mir mehr zu sagen als ich ihm. Der Kranke hat ja gewöhnlich auch mehr Zeit, über sich und das Leben nachzudenken, als ich, der ich gesund bin und in all den Verpflichtungen des Alltags stehe. Der Kranke ist nicht enttäuscht, wenn ich wenig zu sagen habe. Es bringt ihm Erleichterung, wenn er über das, was ihn bewegt, mit jemandem sprechen kann. Ich muß ihm zeigen: Deine Gedanken sind mir wichtig. Du bist mir in manchem voraus. Ich will gern von dir lernen. Erst im geduldigen Zuhören finde ich die Punkte, wo der Kranke meinen Zuspruch möchte.

Mancher Kranke ist auch nicht in der Lage, gründlich über sein Leben und seine Beziehung zu Gott nachzudenken. Darf ich ihn dann dazu drängen? Ich meine: nein. Vielleicht will der Kranke einfach am Leben, von dem er ja weitgehend abgeschnitten ist, teilhaben, und er bittet mich, von mir zu erzählen.

Weil zur Seelsorge am Kranken viel Geduld und Zeit gehört, ist sie vor allem Auftrag der nächsten Angehörigen. Der Besuch des Pfarrers, wenn es hoch kommt, einmal in der Woche eine halbe Stunde, kann dies nicht ersetzen.

Der seelsorgerliche Dienst am Kranken kann zunächst in einem stillen Gebet am Krankenbett bestehen. Es sollte aber auch das »Mit-dem-Kranken-Beten« angeboten werden. Dies kann ein schlichtes Stoßgebet sein, etwa: »Herr Jesus, wir sind so ratlos, so schwach, so hilflos. Wir können nichts tun, als dich um deine Hilfe bitten. Bitte nimm dich unser in Gnaden an. Umgib uns mit deiner Liebe. Erfülle unser Herz mit deinem Frieden.« Wir können auch einen Liedvers, einen Psalm oder das Vaterunser mit dem Kranken beten.

Wenn ein Besucher zum Abschluß seines Besuches ein Segenswort für Heidi hatte, empfanden wir dies als seelsorgerliche Zuwendung, die um die eigene Ohnmacht weiß und auf die Hilfe Gottes vertraut. Jeder, der einem Kranken und Sterbenden beistehen möchte, sollte sich klar darüber sein, daß nicht wir trösten, sondern letztlich der lebendige Gott. Es geht darum, daß wir uns von ihm gebrauchen lassen, daß seine Tröstungen durch uns zu dem Kranken kommen. Dann werden wir erleben, daß nicht nur der Kranke, sondern auch wir selbst getröstet und gesegnet werden.

5. Der Tag der Beerdigung

Seit drei Uhr liege ich wach im Bett. Denke an meine verstorbene Frau, an die vielen Menschen, die heute kommen werden. Ängstliches Bangen: Wird mich ihre Anteilnahme erdrücken oder trösten?

Ich weine, schütte vor meinem himmlischen Vater – er allein weiß zum wievielten Male – mein Herz aus.

Ich lese in dem Büchlein »Am Ufer der Stille« von Jörg Zink. Heidi hat es sehr oft zur Hand genommen in den letzten Monaten, und oft hab' ich daraus vorgelesen, wenn wir beide, von der Last des Leidens erdrückt, keine eigenen Worte mehr fanden.

Ich lese:

> Es ist viel zu tun.
> Ich weiß.
>
> Aber da höre ich das leise Wort: Komm!
> Fahr hinüber in die Stille.
>
> Versuch es:
> anlegen am Ufer
> der unhörbaren Gegenwart
> des Meisters.
>
> (Text: Jörg Zink. Kreuz-Verlag, Stuttgart)

Diese Sätze las sie vor einigen Wochen einem Arzt im Krankenhaus vor. Er spürte und sagte: »Sie meinen ein anderes Ufer.«

Ich schreibe meine Gedanken nieder. Das erleichtert. Ich werde wieder ruhiger.

Fünf Uhr. Die Gebetsglocken läuten. Ich denke an ihre Worte, die sie vor Wochen zu mir sagte, als sie einen Frühlingsstrauß geschenkt bekam: »In diesem Jahr blühen für mich keine Osterglocken. Bis dahin läuten für mich andere Glocken.«

Damals brach ich, wie so oft, in Tränen aus. Heute sind es

für mich Glocken, die unsere Auferstehungshoffnung verkündigen.

Ich weiß, sie hat oft gelitten darunter, daß so viele Menschen taub sind für den Ruf Gottes und für die ausgesprochenen und unausgesprochenen Notschreie der Mitmenschen.

Ich glaube für sie das Jeremiawort: »Ich habe dich je und je geliebt, darum habe ich dich zu mir gezogen aus lauter Güte« (Jeremia 31,3).

Wir hatten sie in den letzten Tagen immer wieder betend in die Arme Jesu gelegt. Er möge sie zu sich rufen und aufnehmen in seine Herrlichkeit.

Ich danke für die neuneinhalb Jahre glücklicher Ehe, wenn es auch bei uns manchmal Enttäuschung, Ärger und Streit gab. Ich hatte sie immer sehr lieb, und jetzt will ich sie ganz bewußt, wenn auch schweren Herzens, meinem Herrn zurückgeben.

Ich hatte bisher nie die Freiheit, bei der Aussegnung eines anderen die Worte zu sprechen: »Der Herr hat's gegeben, der Herr hat's genommen, der Name des Herrn sei gelobt.« Bei der Aussegnung meiner Frau durfte ich sie sagen. Zu diesem Loslassenkönnen hat Gott nicht nur meine liebe Frau, sondern auch mich zubereitet.

Sechs Uhr. Ich öffne das Fenster und singe das Lied: »Gott des Himmels und der Erden . . .« zum Friedhof hinüber.

1. Gott des Himmels und der Erden,
Vater, Sohn und Heilger Geist,
der es Tag und Nacht läßt werden,
Sonn und Mond uns scheinen heißt,
dessen starke Hand die Welt
und was drinnen ist erhält.

2. Gott, ich danke dir von Herzen,
daß du mich in dieser Nacht
vor Gefahr, Angst, Not und Schmerzen
hast behütet und bewacht,
daß des bösen Feindes List
mein nicht mächtig worden ist.

3. Laß die Nacht auch meiner Sünden
jetzt mit dieser Nacht vergehn;
o Herr Jesu, laß mich finden
deine Wunden offen stehn,
da alleine Hilf und Rat
ist für meine Missetat.

4. Hilf, daß ich mit diesem Morgen
geistlich auferstehen mag
und für meine Seele sorgen,
daß, wenn nun dein großer Tag
uns erscheint und dein Gericht,
ich davor erschrecke nicht.

5. Führe mich, o Herr, und leite
meinen Gang nach deinem Wort;
sei und bleibe du auch heute
mein Beschützer und mein Hort.
Nirgends als von dir allein
kann ich recht bewahret sein.

6. Meinen Leib und meine Seele
samt den Sinnen und Verstand,
großer Gott, ich dir befehle
unter deine starke Hand.
Herr, mein Schild, mein Ehr und Ruhm,
nimm mich auf, dein Eigentum.

7. Deinen Engel zu mir sende,
der des bösen Feindes Macht,
List und Anschlag von mir wende
und mich halt in guter Acht,
der auch endlich mich zur Ruh
trage nach dem Himmel zu.

(Heinrich Albert)

Das macht mich dankbar und ruhiger. Es stärkt mich für
den sicher nicht leichten Tag.

Ich weiß mich durch meinen Heiland mit Heidi verbunden, singe und bete für sie mit.

Gebet: Gott sei uns gnädig, nach deiner großen Barmherzigkeit.

Viele Verwandte, Freunde und Gemeindeglieder sind gekommen. Es tut gut, die Anteilnahme so vieler Mitmenschen zu spüren. Doch ich habe nicht die Kraft, sie alle zu begrüßen und die gutgemeinten Beileidsbekundungen entgegenzunehmen. Ich will meine Ruhe. Ich ziehe mich in unser – oder muß ich jetzt sagen: mein – Schlafzimmer zurück. Ich liege auf dem Bett und fühle mich schwach und elend. Zu mir kommt Pfarrer Lierler, der die Beerdigung halten wird. Ich sage ihm, daß ich am Grab einen Abschnitt aus der Bibel lesen und ein Gebet sprechen möchte, wenn ich die Kraft dazu habe. Er machte mir Mut.

Dann gehen wir zur Leichenhalle. Dicht gedrängt stehen die Menschen auf dem Friedhof. Dort liegen Kondolenzlisten aus. So bleibt mir die Tortur der Kondolenzzeremonie erspart. Später kann ich diese Kondolenzlisten zur Hand nehmen und mich über die Anteilnahme der einzelnen freuen. Auch viele Trauergäste sind für diese Form der Beileidsbekundung dankbar. Wer weiß schon ein passendes, hilfreiches Wort in diesem Augenblick?

Ich möchte ungestört zum letzten Mal meine Frau betrachten, die aufgebahrt vor mir liegt. Die Menschen um mich her interessieren mich in diesen Minuten nicht. Heidis Angesicht ist entspannt und friedevoll. Mein Herz ist voller Dank ihr gegenüber. Ich rede in meinen Gedanken mit ihr und mit Gott: »Du warst eine großartige Frau. Du warst die beste Lebensgefährtin, die ich mir vorstellen kann. Du warst eine herzensgute Mutter. Mein Schatz, ich danke dir. – Vater im Himmel, ich versteh' dich nicht. Warum mußte meine Frau so viel leiden? Warum mußte sie so früh sterben? Ich weiß nicht, wie es weitergehen soll. Bitte verlaß uns nicht.«

Die Glocken beginnen zu läuten. Der Sarg wird geschlossen. Der Singkreis, den ich sonst leite, singt zu meiner Überraschung folgendes Lied:

> Refrain: Siehe, ich habe dir geboten,
> daß du getrost und freudig seist;
> darum, fürchte dich nicht, ich bin dein Gott!

1. Denn wer sich fürchtet,
weiß nicht, daß Gott ihn liebt.

2. Auch wenn du schwach bist,
so hat dich Gott erwählt.

3. Denn tief in dir lebt
der Gott und Herr der Welt.

(nach Josua 1,9)

Ich spüre, wie sie mich mit diesem gesungenen Gottes-
wort trösten wollen. Die klaren Stimmen dieses Kinder-
chors dringen an meine Ohren und vielleicht sogar in mein
Herz.

Der Trauerzug setzt sich in Bewegung. Dem Kreuzträger,
einem Buben aus der Nachbarschaft, rollen die Tränen über
die Wangen. Hinter dem Sarg laufe ich, der junge Witwer,
mit meinen beiden Kindern an der Hand. Ich empfinde, so
wie wir einander vor der Gemeinde das Jawort gegeben
haben, so gilt es jetzt, mit Gottes Hilfe vor der Gemeinde
den Abschied zu vollziehen. Ich muß sie loslassen. Ich flehe
zu Gott, er möge mir die Kraft dazu geben.

Ich lese einen Abschnitt der Bibel, aus den Apokryphen:

> Aber die Seelen der Gerechten sind in Gottes Hand, und keine
> Qual rührt sie an.
> In den Augen der Unständigen gelten sie als tot, und ihr
> Abscheiden wird für Strafe gehalten und ihr Weggehen von uns
> für Verderben; aber sie sind im Frieden.
> Denn wenn sie auch nach Meinung der Menschen viel zu leiden
> haben, so sind sie doch erfüllt von Hoffnung auf Unsterblich-
> keit.
> Sie werden ein wenig gezüchtigt, aber viel Gutes wird ihnen
> widerfahren; denn Gott versucht sie und findet sie seiner wert.
> Er prüft sie wie Gold im Schmelzofen und nimmt sie an wie ein
> Ganzopfer.
>
> (Weisheit Salomos, 2,1–6)

Dann spreche ich folgendes Gebet:

> Mein Vater, ich übergebe dir meine liebe Frau, die du mir für
> fast zehn Jahre anvertraut und nun wieder zu dir genommen
> hast.

Ich danke dir für die gemeinsame Zeit mit ihr.
Nun hast du sie zu dir geholt, und ich will sie nicht zurückhalten.
In deiner Liebe ist sie wie auch ich und alle deine Kinder geborgen.
Amen.

Pfarrer Lierler hält die Beisetzung. Kirchenvorsteher und Pfarrkollegen legen Kränze nieder. Aus ihren Worten spüre ich tiefe innere Anteilnahme, Betroffenheit und die Bereitschaft, mir beizustehen, soweit das möglich ist.

Der Nachruf einer Kirchenvorsteherin geht mir besonders nahe. Sie sagt:

> *Wir wußten alle, daß unsere Frau Pfarrer sehr krank war, und doch stehen wir heute überrascht und tief betroffen an ihrem Grab.*
> *Unsere Frau Pfarrer hat ihr Leid mit Geduld und Freundlichkeit auf Jahre hin getragen, so daß uns gar nicht bewußt war, wie schwer krank sie war.*
> *Sie möge uns in steter Erinnerung bleiben als Vorbild, wie man mit Gottes Hilfe Leid ertragen kann.*
> *Als Zeichen des Dankes und der herzlichen Verbundenheit lege ich im Namen der Kirchenvorsteher diesen Kranz nieder.*

Zum Trauergottesdienst versammeln wir uns in der Kirche, die die Trauergemeinde nicht fassen kann. Wir beginnen mit dem mir so wichtig gewordenen Kinderlied: »Weil ich Jesu Schäflein bin...«

Aufmerksam höre ich auf die Beerdigungsansprache. Ich möchte, daß die Barmherzigkeit Gottes bezeugt wird, die wir trotz allem Leid erfahren durften. Noch einmal leuchtet Heidis Konfirmationsspruch auf: »Weise mir, Herr, deinen Weg, daß ich wandle in deiner Wahrheit; erhalte mein Herz bei dem einen, daß ich deinen Namen fürchte« (Psalm 86,11).

Ja, Gott hat sie gehalten, so daß sie in all den Krankheitsjahren nicht verbitterte, sondern im Glauben reifte. Sie hat gelernt, den schweren Weg, den Gott sie führte, anzunehmen. Sie hat oft darum gebetet, daß viele ihren Weg mit Gott gehen und daß der Dienst ihres Mannes für viele eine Hilfe sein möge zu einem Leben mit Gott.

Zum Schluß singen wir das Lied »So nimm denn meine Hände . . .«, das Julie v. Hausmann in einer ähnlichen Situation geschrieben hat. Jeder Satz ist mir aus dem Herzen gesprochen.

> So nimm denn meine Hände und führe mich
> bis an mein selig Ende und ewiglich.
> Ich mag allein nicht gehen, nicht einen Schritt:
> wo du wirst gehn und stehen, da nimm mich mit.
>
> In dein Erbarmen hülle mein schwaches Herz
> und mach es gänzlich stille in Freud und Schmerz.
> Laß ruhn zu deinen Füßen dein armes Kind:
> es will die Augen schließen und glauben blind.
>
> Wenn ich auch gleich nichts fühle von deiner Macht,
> du führst mich doch zum Ziele auch durch die Nacht:
> so nimm denn meine Hände und führe mich
> bis an mein selig Ende und ewiglich.

Nach dem Gottesdienst sind die engsten Verwandten und gute Freunde zum Kaffee geladen. Die Bezeichnung »Leichenschmaus« ist mir zuwider. Vielleicht ließe sich hier eine andere Bezeichnung finden, etwa »Beerdigungskaffee«?

Die meisten Angehörigen wissen außer der Mitteilung, wann Heidi gestorben ist, nichts über ihre letzte Wegstrecke. Ich erzähle nach dem Kaffeetrinken einige Erlebnisse der letzten Wochen und lese vor, was sie auf die erste Seite ihrer Bibel geschrieben hat:

> *»Gedenke des ganzen Weges, den dich der Herr, dein Gott, geleitet hat.« (5. Mose 8,2)*
> *Er hat Geduld mit mir.*
> *Er zeigt mir meine Sündenschuld.*
> *Er hilft mir überwinden.*

Er gibt mir Kraft zum Tragen.
Er will mein ganzes Vertrauen.
Er mutet mir nicht mehr zu, als ich tragen kann.
Er zeigt mir schrittweise, was sein Wille ist.
Er will, daß ich täglich aufs neue in allem von ihm
abhängig bin.
Er hat mir gezeigt, daß man als gesunder Mensch viel
mehr zu danken hat.
Er hat mir gezeigt, was für einen wunderbaren Mann
ich habe und wieviel hilfreiche Menschen.
Er allein gibt berechtigte Hoffnung in seinen Verhei-
ßungen.
Er allein zeigt rechtes Verständnis für unsere Situation.
(Gethsemane)

Mit ihm leben heißt: ständig bereit sein,
aus diesem Leben abgerufen zu werden.

(Heidi Schwab)

Die Beerdigung sollte vor allem die Botschaft des Heils bezeugen. Diese familiäre Runde ermöglicht nun einen persönlichen Rückblick auf das Leben des Menschen, den wir alle sehr liebhatten. Zum Abschluß bitte ich einen Freund, der uns in all den Krankheitsjahren immer wieder begleitet hat und der mein Seelsorger ist, eine kurze Andacht zu halten.

So erlebe ich dieses Zusammensein als eine persönliche geistliche Gemeinschaft, bei der Heidis Lebens- und Glaubenszeugnis noch einmal aufleuchtet. Heidi war uns sehr wertvoll. Um sie trauern wir. Doch weil sie mit Christus lebte und wir sie von ihm geliebt wissen, erfahren wir auch Trost in dieser Stunde. Nachdem sich alle Gäste verabschiedet haben, gehe ich mit Matthias und Manuela noch ein wenig spazieren. Wir brauchen einander und brauchen etwas Ruhe nach den vielen Eindrücken und Begegnungen dieses langen, schweren Tages.

Ich habe einen lieben Menschen verloren. Wie werde ich damit fertig? Ich will nicht darüber spekulieren, was nach dem Tod sein wird. Im Philipperbrief schreibt Paulus: »Ich habe Lust, aus der Welt zu scheiden und bei Christus zu sein« (Philipper 1,23). Es könnte also sein, daß wir nach dem Sterben unmittelbar zu Christus kommen.

In 1. Thessalonicher 4,15ff lese ich:

> »Denn das sagen wir euch mit einem Wort des Herrn: Wir, die wir noch leben und bis zur Ankunft des Herrn am Leben bleiben, werden denen nicht zuvorkommen, die entschlafen sind. Denn der Herr selbst wird mit befehlendem Wort, mit der Stimme des Erzengels und mit der Posaune Gottes herabkommen, und zuerst werden die Toten, die in Christus gestorben sind, auferstehen. Danach werden wir, die wir noch am Leben sind, zugleich mit ihnen... entrückt werden, dem Herrn entgegen; und so werden wir beim Herrn sein für alle Zeit. So tröstet einander mit diesen Worten.«

Diese Zusage eines neuen Lebens bei Christus ist für mich Trost und Hoffnung. Wie das im einzelnen sein wird, weiß ich nicht. Mir genügt, daß *der Eine* wirklich Bescheid weiß, der den Tod überwunden hat. Ihm vertraue ich, und ihm vertraue ich meine verstorbene Heidi an.

Ich staune, wie ausgeglichen, fast fröhlich meine Kinder sind. Nachdem ich sie ins Bett gebracht habe und unsere Haushaltshilfe sich auch in ihr Zimmer zurückgezogen hat, bin ich allein. Endlich. Wie gut das tut, für sich allein zu sein. Der Schmerz um Heidi überwältigt mich. Ich darf ungestört weinen. Was soll ich tun? Ich bin verzweifelt. Sehnsucht überfällt mich und Einsamkeit. »Warum? Warum? Warum? O Gott, warum?«

Ich darf mich nicht gehenlassen. Ich muß mich auf das Leben konzentrieren und auf meine Aufgaben, schon um der Kinder willen. Ich denke, wie schwer muß es doch ein alter Mensch haben, der ganz allein ist, der keine Kinder um sich hat. Ich muß innerlich zur Ruhe kommen, damit ich schlafen kann. Ich lege noch eine Schallplatte auf. Lieder, die ich schon öfter hörte, weil sie mir gefielen, höre ich jetzt ganz neu. Jetzt werden sie zu meinen Liedern, die meine Not aussprechen, die das Gewirr meiner Gedanken ordnen und in Worte fassen. Es sind Gebete, in denen ich mich aufgehoben weiß, an denen ich mich festhalten kann. Worte, die mir helfen, diesen einen Tag gut zu Ende zu bringen.

Weise mir, Herr, deinen Weg (Psalm 86)

Führst du, mein Gott, mich in die Tiefe
und wird mein Glaube klein und schwach,
geh du mir selbst als guter Hirte
erbarmend bis ins Dunkel nach.
Wenn ich entmutigt tausend Zweifel
im Herzen hin und her beweg,
gib, daß ich in der Wahrheit bleibe,
und weise mir, Herr, deinen Weg.

Seh' ich das Ziel nicht mehr vor Augen,
weil mich die Welt geblendet hat,
vernimm den Anruf einer Seele,
die dich um deine Hilfe bat.
Lockt mich das Zwielicht leerer Freuden,
die ich begierig in mir pfleg,
gib, daß ich in der Wahrheit bleibe,
und weise mir, Herr, deinen Weg.

Will sich mein Stolz vor dir befreien
und will ich selber Meister sein,
dann zeige mir, daß du die Macht hast,
und hol mich auf dem Irrweg ein.
Hilf, daß ich von mir selbst mich löse
und meine Hand in deine leg.
Gib, daß ich in der Wahrheit bleibe,
und weise mir, Herr, deinen Weg.

6. Wieder allein

Es ist leer geworden in unserem Haus. Als ich am ersten Tag nach der Beerdigung Wäsche in die Waschmaschine stopfe, rollen wieder die Tränen. Das wird sie nie mehr tun, denke ich. Auf Schritt und Tritt wird mir ihre Abwesenheit bewußt. Dies liegt wie eine schwere Last auf meiner Seele.

Schon in den letzten Wochen hatten wir eine Frau als Haushaltshilfe bei uns. Meine Frau hatte sie selbst in den Haushalt eingewiesen. So kann sie nun ziemlich selbständig den Haushalt weiterführen.

Um die beiden Kinder kümmere ich mich, wenn irgend möglich, selbst. Sie brauchen meine Liebe, und ich brauche ihre Nähe. Ihre Unbefangenheit, auch über die Mama zu reden, tut mir gut. Manuela ist einige Tage nach der Beerdigung auffallend fröhlich. Ich spreche sie an: »Du bist nicht mehr sehr traurig.« – »Nicht mehr so, denn zum Glück haben wir ja noch dich«, ist ihre Antwort. Es stört mich nicht, daß meine Kinder wieder fröhlich sein können. Im Gegenteil, ich freue mich darüber.

In den ersten Tagen gehe ich oft ans Grab. Ich ordne Kränze und Blumenschalen auf dem Grabhügel. Es freut mich, daß so viele Menschen auf diese Weise ihre Hochachtung gegenüber meiner geliebten Frau zum Ausdruck gebracht haben.

Auf Kranzschleifen lese ich:

»Ich lebe und ihr sollt auch leben!«

»Jesus lebt!«

»Auf Wiedersehen!«

»Christus spricht: Sie getreu bis in den Tod, so will ich dir die Krone des Lebens geben.«

Und von Hand geschrieben:
>*Ich gehe weiter, nur ein wenig weiter,*
geh in Gottes Freude, geh in Gottes Licht hinein.
Ich war für ein paar Jahre dein Begleiter,
doch jetzt geh ich weiter, um bei meinem Herrn zu
sein.«

Jeder Gang zum Grab ist schmerzlich und tröstlich zugleich. Mit jedem Gang zum Grab möchte ich meiner Frau zeigen: Du warst eine wunderbare Frau. Ich *danke* dir. Du bist mir wertvoll über den Tod hinaus.

Matthias kommt von der Schule heim. Nachdem er seine Hausaufgaben erledigt hat, macht er sich tapfer und ordentlich wie ein Erwachsener an die Arbeit, Mamas Schreibtisch aufzuräumen, der nun sein Schreibtisch werden soll. Er tut es gelassen, fast fröhlich, und doch mit innerem Respekt, wohlwissend, daß er hier ein Stück von Mamas Erbe ordnen und übernehmen darf.

Manuela kommt öfter mit Gegenständen, die ihrer Mutter gehörten, und fragt: »Papa, kann ich das jetzt haben. Die Mama braucht es doch nicht mehr.« So werde ich durch die Kinder immer wieder an die neue Wirklichkeit erinnert, und so helfen sie mir, mich den neuen Herausforderungen zu stellen.

An einem Nachmittag sitze ich im Wohnzimmer und weine. Ich weine einfach vor mich hin. Ich bin tieftraurig, weil meine liebe Heidi nicht mehr bei uns ist. Ich kann es einfach nicht fassen. Da kommt Manuela herein und schließt mich in ihre Arme. Sie sagt lange nichts. Sie weiß, was mir fehlt. Sie spürt, sie kann mir nicht helfen. Dann sagt sie: »Papa, ich geh' jetzt in den Garten. Du kannst ja auch alleine wieder aufhören zu weinen.« Diese einfühlsame Unbekümmertheit läßt mir den nötigen Freiraum, meine Trauer nicht unterdrücken zu müssen. Ich muß mich nicht zusammennehmen und werde andererseits daran erinnert, daß ich nicht in Trauer versinken darf, weil ich an den lebenden Kindern eine Aufgabe habe.

Neben mir, dem jungen Witwer, und meinen zwei kleinen

Kindern sind Heidis Eltern am stärksten von ihrem Tod betroffen. Sie war ihre einzige Tochter. Heidis Eltern waren an unserer Vorbereitung auf das Sterben nicht so sehr beteiligt. Sie haben Heidis Krankheit mehr aus der Ferne miterlebt. Sie waren auf ihr Sterben nicht vorbereitet. So war es für sie in der ersten Zeit schwerer, damit fertigzuwerden.

Eine Woche nach der Beerdigung besuchen sie uns. Sie sind sehr niedergedrückt. Sicher beschäftigt sie die Frage: Wurde auch wirklich alles unternommen, um das Leben unserer Tochter zu retten?

Am nächsten Tag sage ich zu Matthias: »Die Oma ist noch sehr traurig.« Er meint: »Es hat doch keinen Wert, wenn wir jetzt trotzen.« So empfindet er das: Sich in Trauer ergehen oder sich auflehnen bringt uns auch nicht weiter.

Wir wollen einwilligen in die Führung Gottes. Ich denke an das Jesuswort: »Wer seine Hand an den Pflug legt und sieht zurück, der ist nicht geschickt für das Reich Gottes« (Lukas 9,62). Nicht dem Vergangenen nachtrauern, sondern für alle erfahrene Liebe dankbar sein, das ist die Haltung, die wir einnehmen wollen. Aus den Fehlern lernen und aus dem geschenkten Tag das Beste machen, das ist der sinnvolle Dank für die gemeinsamen Jahre.

Immer wieder muß ich um diese Haltung des Getrostseins ringen und beten. Wir wissen Heidi in Gottes Hand, und so darf in allem Schmerz Dankbarkeit aufbrechen.

Ich bin älter geworden. Ich fühlte mich bisher, nach fast zehnjähriger Ehe und achtjähriger Krankheit meiner Frau immer noch wie frisch verheiratet. Seit Heidis Tod stehe ich nun plötzlich vor einer undurchdringlichen schwarzen Wand. Ich schaue in die Vergangenheit. Plötzlich verstehe ich alte Menschen, die vorwiegend von der Vergangenheit erzählen und zehren. Jetzt schaue auch ich zurück, auf gemeinsame Erfahrungen, die wir gemacht haben und die mir lieb und wertvoll sind.

Ich bin ein Mensch ohne Zukunft. Ich komme mir vor wie ein Bergsteiger, dessen Partner abgestürzt ist. Von dem schrecklichen Ereignis wie gelähmt, muß ich Gefühle kennenlernen, die mich ebenfalls in die Tiefe ziehen wollen. Ich möchte zurück, dorthin, wo wir beide noch jung, gesund und glücklich waren, doch das ist auf dem Lebensweg nicht möglich. Aber zum Weitergehen fehlt mir die Kraft.

Monate später beginnt sich diese Nebelwand etwas zu lichten. Aber ob und wann ich wieder unbekümmert in die Zukunft schauen kann wie früher, weiß ich noch nicht. Ich bin ein entwurzelter und ratloser Mensch geworden.

Gedanken und Grübeleien: Was wäre, wenn jetzt auch noch eines meiner Kinder sterben würde? Ob ich dann, nach den Erfahrungen mit dem Sterben meiner Frau, schon ein wenig gereifter und gefaßter wäre? Würde mich ein weiterer Verlust noch mehr in die Tiefe des Schmerzes hineinreißen, oder würde ich ihn besser verkraften? Ich weiß es nicht.

Was wäre, wenn *ich* nun sterben sollte? Was wäre, wenn meine Kinder Vollwaisen wären? Bis jetzt hatten die Kinder zwei Elternteile. Wenn der eine stirbt, ist der andere selbstverständlich für sie verantwortlich und sorgt für sie so gut er kann. Ich mache mir Gedanken, was mit den Kindern werden sollte, falls ich auch sterbe. Ich schreibe nieder, wie ich dies dann geregelt haben möchte, und spreche mit meiner Schwester darüber. Ich wäre froh, wenn die Geschwister beieinander bleiben könnten. Natürlich wäre, mit den Kindern selbst liebevoll zu reden und ihnen meine Überlegungen mitzuteilen. Es sollte nach Möglichkeit nichts gegen ihren Willen entschieden werden. Auf jeden Fall sollte es kein Gerangel um die Kinder geben, auch kein Hinundherschieben. Kinder brauchen Geborgenheit.

Seit längerer Zeit sehe ich wieder mal fern. Ich sehe einen Spielfilm. Ein Satz gibt mir zu denken. Er hilft mir in meiner Trauer wieder ein wenig weiter: »Die Natur kennt kein schlechtes Wetter. Schnee und Regen sind genauso wichtig wie Sonnenschein.«

Kann das nicht auch für uns gelten? Jede Lebenssituation hat einen Sinn für uns, und wir tun gut daran, jede dankbar anzunehmen. Die sonnigen, glücklichen Jahre haben mich froh gemacht, das Lieben gelehrt und das Sich-beschenken-Lassen. Können nicht auch kühle, stille Zeiten heilsam für uns sein?

Immer nur sonnige Tage machen den Boden rissig und hart. Können nicht auch wir Menschen so austrocknen und verhärten? Der Regen gibt dem Boden neue Lebenskraft. Könnten nicht auch die dunklen Wolken des Leides und die Tränen der Trauer (aus Liebe) unser Leben neu stärken? Ich vertraue darauf, daß Gott in dem Garten meines Lebens auch wieder sonnige Tage schenkt und Neues wachsen läßt.

Unsere Liebe war ein nicht zu beschreibendes Glück. Doch echte Liebe kostet auch unsere ganze Kraft, unsere ganze Hingabe. Ich kann dankbar sein für die Glückserfahrungen. Doch ich will auch in der neuen Situation das Gute sehen und nützen. Ich habe jetzt mehr Zeit für mich, will auf die vielen Erfahrungen zurückblicken, darüber zur Besinnung kommen und daraus lernen. Gott hat mir eine Erfahrung zugemutet, für die ich im Augenblick nicht dankbar sein kann, die ich aber annehmen möchte, um das Beste daraus zu machen.

Ich muß jetzt auf Formularen »verwitwet« ankreuzen. Die Ehe liegt hinter mir. Ich fühle mich alt und einsam. Ich bin auch empfindsamer geworden. Empfindsamer für die Nöte anderer Menschen. Ich spüre deutlicher als früher, wo ein Mensch leidet, wo ein Mensch traurig ist, wo ihn eine Not drückt. Ich habe noch deutlicher begriffen als bisher, was Paulus im ersten Korintherbrief schreibt: »Die Liebe ist die Größte« (1. Korinther 13,13).

Ich habe eine verwundete Seele. So wie ein Verwundeter verletzlicher ist, empfindlicher als ein Gesunder, wenn man ihn an der wunden Stelle berührt, so bin auch ich empfindlicher geworden. Empfindlicher gegenüber unbedachten und lieblosen Bemerkungen. Ich leide noch mehr als früher, wenn ich erlebe, wie Menschen sich wegen Kleinigkeiten in die Haare geraten. Da muß ich denken: Wie töricht ist der Mensch! Die Lebenszeit ist so kurz. Wir sollten jeden Tag nützen, um Gutes zu tun und einander Freude zu bereiten.

Ich möchte es hineinrufen in die Welt: »Geht doch etwas behutsamer und rücksichtsvoller miteinander um!« Mir wird noch deutlicher als bisher, wie sehr wir von Gott abhängig sind. Wie recht hat doch Jesus, wenn er sagt: »Wer von euch kann durch Sorgen sein Leben auch nur um einen Tag verlängern?« (Matthäus 6,27)

Doch nicht die Sorge um die Länge meines Lebens bewegt mich, sondern: Wie werde ich heute, als der auf sich allein gestellte Witwer, die Aufgaben des Berufes und die Fürsorge für die Kinder bewältigen? Immer wieder muß ich im Gebet um Kraft bitten, um hier nicht zu verzagen. Ich wundere mich, wie mich Außenstehende als getrost und stark empfinden, während ich mir selbst so schwach und elend vorkomme. Ich versuche nie, meine Trauer zu verstecken oder zu überspielen. Doch ich erlebe die Wahrheit des Prophetenworts: »Er gibt den Müden Kraft und Stärke genug dem Unvermögenden« (Jesaja 40,29).

Fast zwei Jahre nach Heidis Sterben schreibe ich in mein Tagebuch:

> *Wie beglückend und innig war die Ehe mit Heidi. Wie unfaßbar schwer ihr Sterben. Die langen Krankheitsjahre haben sie sehr reifen lassen, sogar reif werden für das Sterben. Und doch mußte auch sie in Tiefen hinein, in denen sie beinahe zerbrochen wäre. Es bleibt mein Gebet für sie: »Herr, laß sie deine Herrlichkeit erleben.«*
> *Auch bei mir hat das alles Spuren hinterlassen. Manchmal denke ich, ich habe genug erlebt an Freude und Leid, ich würde auch gern sterben. Doch solange Gott mich noch gebrauchen kann, will ich ihm mit Freuden dienen.*

Ich denke, meine Frau hat mit ihrem Leben und mit ihrem Sterben mir und vielen einen wertvollen Dienst getan. Sie hat mir kein finanzielles Erbe hinterlassen; aber sie hat mir zwei gesunde Kinder hinterlassen, und dafür bin ich sehr dankbar. Sie hat mir einen Schatz an Glaubenserfahrungen hinterlassen, den ich nicht einfach vergraben und verschweigen, sondern weitergeben möchte – und ich denke, das ist in ihrem Sinn. Sie wollte auch in ihrem Leiden und Sterben dem Herrn Christus und seiner Gemeinde dienen.

Trauererwartungen

Eine mir völlig neue Erfahrung nach dem Sterben meiner Frau sind die Trauererwartungen, denen ich, ausgesprochen oder unausgesprochen, begegne.

Soll ich nun immer dunkel gekleidet gehen oder darf ich auch etwas Helles tragen? Werden die Leute denken: Na, der könnte auch öfter ans Grab gehen? Oder werden sie denken: So zu übertreiben braucht er auch nicht...?

Da hat wohl jemand Sorge, daß ich zu sehr in Trauer versinke, denn er meint, mir den Rat geben zu müssen: »Sie dürfen sich nicht zurückziehen, sondern müssen Kontakte suchen und auf Menschen zugehen.« Andere haben den Eindruck, ich sei zu wenig traurig; sie wollen mich ermutigen, mir Ruhe zu gönnen und der Trauer standzuhalten.

Manche sind um mein Glück besorgt und geben mir den Rat, so rasch wie möglich wieder zu heiraten. Ein anderer wundert sich, daß ich in der Zeit der Trauer so fröhlich bin, und meint, ein Jahr müsse ich schon warten, bevor ich mich neu verheirate.

Habe ich als Trauernder all diese Ratschläge nötig? Muß nicht jeder Leidtragende seinen eigenen Weg finden? Kann ein Außenstehender einem Leidtragenden vorschreiben, wie er mit seinem Leid am besten zurechtkommen kann?

Für mich ist dies alles Neuland, und es ist für mich vor allem eine Frage der Führung. Es dauert einige Monate, bis ich mich von all den ausgesprochenen und unausgesprochenen Trauererwartungen löse und meinen Weg unbekümmert in Verantwortung vor Gott gehe.

Ich erlebe: Der Trauernde braucht Zuwendung, aber keine Bevormundung und keine Ratschläge, es sei denn, er fragt um Rat. Er braucht Zeichen der Verbundenheit

(Anrufe, Briefe, Einladungen), aber keine Aufdringlichkeit und Bemutterung.

Der von einer Lebenskrise geschüttelte Mensch braucht Ermutigung, um wieder festen Boden unter den Füßen zu bekommen. Der Trauernde mit seiner verwundeten Seele spürt deutlicher als sonst, wer ein warmes und liebendes Herz ihm gegenüber hat. Solche Menschen sind für ihn ein Segen.

7. Was tröstet

1. Den Schmerz nicht unterdrücken

Ich kann den Zustand meiner Trauer – oder vielleicht genauer: meines Schmerzes – so vielleicht am besten ausdrücken: Ich habe eine verwundete Seele. Ich bleibe im Bild: Das Herz blutet, es ist krank und schwach. Nur gibt es für solche verwundeten Seelen keine Medizin und kein Krankenhaus.

Diese Wunde muß allmählich heilen. Und ich denke, wir können diesen Heilungsprozeß unterstützen oder erschweren. Sicher hilft es uns, wenn wir die Ursache unserer Verwundung erkennen. Ich finde, eine Hauptursache ist die Einsamkeit. Wir fühlen uns von unserem verstorbenen Partner alleingelassen, obwohl wir wissen, daß uns ja unser Partner nicht von sich aus verlassen hat, sondern von uns gehen mußte.

Den Schmerz beim Zahnarzt zu unterdrücken ist gut. Den Schmerz um einen geliebten Menschen zu unterdrücken ist kaum hilfreich. Sicher ist es manchmal für die Mitmenschen eine Zumutung, wenn jemand immer wieder sein »Klagelied« singt. Doch für einen Leidtragenden gibt es zunächst kein wichtigeres Thema, als seinen Verlust zu beklagen, um damit fertigzuwerden.

Man kann die innere Verwundung zupflastern, überdekken, tapfer verbergen und sich durch andere Dinge ablenken. Doch das ist keine Heilung. Der Schmerz muß heraus wie die Flüssigkeit aus einer eitrigen Wunde.

Ich glaube, die Einladung Jesu: »Kommt her zu mir alle, die ihr mühselig und beladen seid; ich will euch erquicken« gilt auch mir. Er ist ein Arzt für verwundete Seelen. Bei ihm suche ich Heilung, Trost und Frieden im Gebet.

2. Das Gebet

Ein halbes Jahr nach Heidis Tod schreibe ich in mein Tagebuch:

In den ersten Wochen habe ich mich oft gewundert: Warum träumst du eigentlich nicht von deiner Frau? Inzwischen hatte ich manchen Traum, doch immer in dem Bewußtsein, daß sie gestorben ist. Diese Tatsache sitzt so tief, daß es offenbar selbst im Traum kein Zurück in die glückliche, wenn auch oft notvolle Zeit des Zusammenlebens gibt.
Heute nacht träumte ich, ich kniete neben dem Grab. Es war mir, als wäre die Erde eine durchsichtige Trennwand. Ich weinte ganz verzweifelt: O Heidi, warum bist du nur so weit weg?
Dieses Suchen nach Nähe und Geborgenheit mündet beim Erwachen in ein Gespräch mit Gott: Du bist bei ihr. Du bist bei mir. Meine ganze Trauer, meinen ganzen Schmerz bringe ich dir. Hilf mir weiter. Ich bin so schwach und kraftlos.

»Ich schütte meine Klage vor ihm aus
und zeige an vor ihm meine Not.« (Psalm 142,3)

Gott gegenüber brauche ich keine Sorge zu haben, daß ich ihm auf die Nerven gehe mit meinem »Klagelied«. Er hört mich zu jeder Tages- und Nachtzeit. Er versteht mich wie sonst keiner. Er versteht mich besser als ich mich selbst verstehe. Vor ihm darf ich immer wieder mein Herz ausschütten, und so kann die Wunde allmählich heilen.

Ab und zu nehme ich auch ein Büchlein mit Gebeten zur Hand – Gebete, in denen ich mich wiederfinde, Gebete, die in Worte fassen, was mich bewegt.

Das Vielerlei lasse ich hinter mir.
Auch meine Träume.
Auch meine unruhigen Pläne.

Ich will nicht mich, Herr,
das ist zu wenig,
ich will dir gegenüber sein,
dich finden.

Ich verlasse den Kreislauf
meiner kurzatmigen Hoffnungen
und meiner ungewissen
Selbstsicherheit.

Ich wende mich dir zu.
Ich warte auf dich.
Du bist.
Und ich bin in dir.
Nichts erwarte ich
als allein dich, Herr.

(Text: Jörg Zink. Kreuz-Verlag, Stuttgart)

Einmal schreibe ich selbst ein paar Verse, die den Weg von
der tiefen Niedergeschlagenheit zu neuer Hoffnung zeigen.
Immer wieder neu muß ich diesen Weg im Gebet gehen.
Mein Schmerz treibt mich immer wieder zu meinem himmlischen Vater, dessen Liebe verläßlicher ist als alles andere.

Ich bin verzagt,
mein Gang ist matt und schwer,
die Augen sind getrübt,
hab' keine Hoffnung mehr.

Mein treuer Gott,
du gabst den Sohn für mich,
kennst meine Not
und führst mich väterlich.

Hier ist mein Herz,
ich übergeb' es dir,
nimm meinen Schmerz
und zieh mich ganz zu dir.

Dein guter Geist,
der gibt mir neue Kraft,
und deine Liebe reißt
mich aus der dunklen Nacht.

(Ernst Schwab)

3. Das Wort Gottes

Das Jesuswort »Selig sind die Friedenstifter, denn sie sollen Gottes Kinder heißen« findet schnell unsere Zustimmung. Frieden wollen wir alle. Und daß da jeder seinen Beitrag leisten muß, sehen wir auch ein.

Aber wie ist das mit dem Wort: »Selig sind die, die da Leid tragen, denn sie sollen getröstet werden«?

Früher empfand ich dieses Wort als Zumutung. Ich hätte nicht gedacht, es einem Trauernden ins Gesicht zu sagen. Ich fürchtete, ein Trauernder müßte dies eher als Beleidigung oder Hohn empfinden denn als Hilfe.

Doch heute morgen erlebte ich dieses Jesuswort ganz neu. Wenn Jesus die Leidtragenden selig nennt, dann sind sie doch gar nicht die von Gott Verlassenen, Verachteten oder Bestraften, wie wir das so oft empfinden. Leid tragen ist bei Jesus offensichtlich genausoviel wert wie Frieden stiften.

Ich bin in meinem Leid nicht verachtet, sondern geliebt. Das gibt mir Kraft, mein Leid anzunehmen, ja im Leid fröhlich zu sein.

»Gelobt sei Gott, der mein Gebet nicht verwirft noch seine Güte von mir wendet« (Psalm 66,20).

4. Mittragende Menschen

Zunächst greife ich öfters zum Telefonhörer. Es gibt Menschen, mit denen kann man ziemlich nüchtern über alles reden.

Doch nach dem Gespräch bleibt eine letzte Einsamkeit. Das Gefühl, daß man doch nicht ganz verstanden oder ernstgenommen wird.

Ich mache die Erfahrung, daß Gesprächspartner, die selbst aus Betroffenheit ziemlich ratlos sind, hilfreicher sind als solche, die »viele Worte machen«. Manche versuchen einfach abzulenken, wohl in der Meinung, das würde dem Trauernden guttun. Ich als Trauernder brauche aber vor allem jemanden, der mir zuhört. Andere meinen, sie müßten mich auf ihre eigenen Leiderfahrungen hinweisen oder auf das Leid anderer Menschen. Aber das macht mein eigenes Leid nicht leichter.

Wieder andere wollen »schnell« trösten. Sie reden von Gott und von dem neuen Leben bei ihm. Sie machen mich darauf aufmerksam, daß es die Verstorbene jetzt »besser hat«. Doch auch dies kommt nicht richtig an bei mir. Ich bin einfach einsam und traurig, weil der liebste Mensch von meiner Seite genommen wurde.

Eine gute Freundin läßt sich geduldig alles erzählen. Sie unterbricht mich nicht, sie beschwichtigt nicht, sie verpaßt mir keine Bibelworte als »Trostpflaster«. Sie schließt mich in ihre Arme. Das ist mehr als Worte. Ich spüre Anteilnahme und Geborgenheit. Tränen auch bei ihr und Ratlosigkeit: »Ich weiß gar nicht, was ich dir sagen soll. Ich komme mir so hilflos vor.« Gerade dadurch ist sie mir nahe. Wir können miteinander »unseren« Schmerz Gott sagen. Hier ist das Gebet nicht schnell aufgesetzt, sondern erlebte geistliche Bruderschaft.

Zuhören ist wichtiger als Reden. Das habe ich gelernt für meine Zukunft in der Begegnung mit Trauernden.

5. Gute Lieder

Daß Musik zur Heilung der Seele beitragen kann, ist allgemein bekannt. Der musikalische Geschmack ist sicher sehr verschieden. Wir haben in unserem Gesangbuch eine Sammlung wertvoller Glaubenslieder. In der Zeit meiner Trauer sind mir aber vor allem neuere Texte und Melodien wichtig geworden. Dies kann daran liegen, daß ich noch verhältnismäßig jung bin. Es könnte auch an der zeitgemäßeren und verständlicheren Ausdrucksweise der Texte liegen. Als besonders hilfreich und tröstend erlebe ich das Lied von Manfred Siebald: »Ich gehe weiter.«

Der Ast vor meinem Fenster schüttelt sich, als ob er friert, als ob
der kalte Abendwind ihm nicht behagt,
der mir die letzten Glockentöne von den Türmen bringt und ein
paar Wolkenfetzen heim ins Dunkel jagt.
Die Schaukel auf dem Spielplatz gegenüber ist verwaist, doch
noch nicht lang – sie ist noch warm und schwingt noch sacht,
und unten in den Straßen fällt ein Blechwurm röchelnd ausein-
ander und verliert sich in der Nacht.
Jetzt sagt man wohl: Es stirbt der Tag, weil man ihn nicht mehr
sieht,
weil man nicht denken mag, daß er nur weiterzieht.

Doch er geht weiter, nur ein wenig weiter, steigt auf neue Berge,
scheint auf neue Wälder und Seen.
Er war für ein paar Stunden mein Begleiter, doch jetzt geht er
weiter, und ich kann ihn nicht mehr sehn.

Wenn irgendwann, ob spät, ob früh, erwartet oder unverhofft,
mein Leben wie der Tag zu Ende geht,
dann schneiden mir die Zeiger meiner Uhr von meiner Zeit die
letzte Scheibe ab, ganz gleich, wie's um mich steht.
Ob ich den letzten Atem mir in weißen Kissen hol', ob irgendwo
in Staub und Blut am Straßenrand –
ich weiß nicht, wie es sein wird, weiß nur, daß der Abschied
einmal kommen muß, ob schmutzig oder elegant.
Dann sagt man wohl: Jetzt ist es aus, weil ich kein Wort mehr
sag.
Doch du, geh still nach Haus, und denk nur an den Tag.

Auch ich geh' weiter, nur ein wenig weiter, geh' in Gottes
Freude, geh' in Gottes Licht hinein.
Ich war für ein paar Jahre dein Begleiter, doch jetzt geh ich
weiter, um bei meinem Herrn zu sein.

Ich kenne das Lied schon seit Jahren. Ich habe es stets
als ein, nach Siebalds Art, doppelschichtiges Abendlied
gehört. Plötzlich, nach Heidis Tod, entdecke ich in diesem
Lied die christliche Hoffnung. Dieses Lied ist wie eine
trostreiche Botschaft meiner verstorbenen Frau an mich:
»Ich gehe weiter, geh in Gottes Freude, geh in Gottes
Licht hinein.« Wo das Sterben eines Menschen in diesem
Sinn zu einem Heimfinden wird, wird die Nacht der Trauer durchbrochen.

Natürlich ist es schön, wenn wir selbst singen und musizieren können. Doch dazu fehlt mir in der ersten Zeit der Trauer die Kraft. Komme ich nach einem oft anstrengenden Tag abends zur Ruhe, bin ich dankbar, wenn solche wertvollen Lieder zu mir reden. Das gesungene Wort hilft mir, daß ich der Trauer und der Einsamkeit nicht hilflos ausgeliefert bin.

> Ewiger,
> heiliger,
> geheimnisreicher Gott.
>
> Ich komme zu dir.
> Ich möchte dich hören,
> dir antworten.
>
> Dir in die Hände
> lege ich Sorge, Zweifel und Angst.
>
> Ich bringe keinen Glauben
> und keinen Frieden. Nimm mich auf.
>
> Sei bei mir,
> damit ich bei dir bin, Tag um Tag.
>
> Führe mich, damit ich dich finde
> und deine Barmherzigkeit.
>
> Dir will ich gehören,
> dir will ich danken,
> dich will ich rühmen.
>
> Herr, mein Gott.
>
> (Text: Jörg Zink. Kreuz-Verlag, Stuttgart)

6. Gute Bücher

Daß die Bibel das beste und wichtigste Buch für uns ist, muß ich sicher nicht besonders begründen. Die Psalmen erlebe ich als besonders hilfreich. Hier wird sehr oft das Elend des Menschen vor Gott geklagt. Ich bin so ein Elender, der immer wieder vor Gott klagen muß. Nein, ich

bin nicht stark. Ich will mir nichts vormachen und brauche
Gott nichts vorzumachen. Er versteht mich, dessen bin ich
gewiß.

Hilfreich und wertvoll sind für mich die Meditations- und
Gebetsbüchlein von Jörg Zink in der Reihe »Kleine Ge-
schenke«. Eine große Hilfe ist mir auch das Büchlein von
Hannelore Risch, »Gott tröstet«, in dem sie recht freimütig
erzählt, wie Gott sie nach dem Tod ihres Mannes weiterge-
führt hat. Daß ich in diesem Buch miterleben darf, wie es ihr
in ihrer Trauer ergeht, hilft auch mir, mit meiner Trauer
etwas besser fertig zu werden.

7. Trauerpost

Ich öffne und lese Trauerpost und bin dankbar für die
ermutigenden und trostvollen Worte, die ich hier finde.

Ein Gruß wurde am Sterbetag geschrieben, an Heidi, mit
dem Bibelwort:

> *Vor uns liegt doch ewige Freude;*
> *denn wir warten darauf,*
> *daß die Herrlichkeit unseres*
> *mächtigen Gottes und Retters*
> *Jesus Christus sichtbar wird.*

(Titus 2,13)

Gruß einer ehemaligen Jungscharlerin:

> *Nun sich das Herz von allem löst,*
> *was es an Glück und Gut umschließt,*
> *komm, Tröster, Heiliger Geist, und tröste,*
> *der du aus Gottes Herzen fließt.*
>
> *Nun sich das Herz in alles findet,*
> *was ihm an Schmerzen auferlegt,*
> *komm, Heiland, der uns mild verbindet,*
> *die Wunden heilt, uns trägt und pflegt.*

Nun sich das Herz zu Dir erhoben
und nur von Dir gehalten weiß,
bleib bei uns, Vater. Und zum Loben
wird unser Klagen. Dir sei Preis!

(Text: Jochen Klepper. © Verlag Merseburger, Kassel)

Aus einem Brief einer Pfarrersfamilie:

Wir wollen nicht nur trauern,
daß wir sie verloren haben.
Wir wollen dankbar sein dafür,
daß wir sie gehabt haben.

Wir besitzen sie auch jetzt noch.
Denn wer heimkehrt zum Herrn,
bleibt in der Gemeinschaft der Gottesfamilie.

Sie ist nur vorausgegangen.

(Hieronymus)

Lieber Bruder Schwab! Liebe Leidtragende!

Mit großer Erschütterung habe ich die Nachricht erhalten, daß Ihre liebe Frau Heidi nach so lang mit Geduld und Glauben getragenem Leid von Gott dem Herrn heimgeholt worden ist.
Es ist ein schwerer Gang für Sie und alle Lieben gewesen, den liebsten Menschen im Leben zur Ruhe betten zu müssen und nun ohne sie und ihren guten Rat, ihre Liebe, Fürbitte und Nähe den Weg weitergehen zu müssen in eine noch verborgene Zukunft.
Durch alle die Jahre Ihres gemeinsamen Lebens haben Sie ja die Güte Gottes und seine tragende Liebe in besonderer Weise erfahren dürfen. Andere werden das als eine große Belastung gesehen haben, aber Sie wissen es besser, daß unser Altbischof recht hat, wenn er einmal die Kranken und Behinderten als »die

*besonderen Lieblinge des Herrn Jesus« bezeichnet
hat. Und das ist richtig. Wer lernt die Tiefe der
Liebe Gottes besser kennen als der durch Kreuz
und Anfechtung, Leid und Trübsal gehen muß?
Aber da liegt ja auch das große Geheimnis des
Glaubens: Wo Gott uns einen besonderen Auftrag
gibt und dabei auch viel zu tragen auflädt,
schenkt er besonders Kraft, Weisheit und einen
starken Glauben. Denn wir leben ja nicht von Zu-
fällen, sondern von seiner Gnade und Barmherzigkeit.*

*Seine Lebensführungen sind oft seltsam, nicht im-
mer glatt und leicht verständlich, aber doch
durchglüht von seinem besonderen Segen. Und
diesen Segen wollen wir für Ihren und Ihrer Kinder Weg erbitten. Gott kann wunderbar trösten,
helfen und heilen.*

*Sie haben die vielen Jahre im Glauben durchlebt,
nun dürfen Sie auch wissen: Gott führt alles wohl
hinaus. Ihre liebe Heidi ist in den Frieden Gottes
heimgerufen und wird einmal schauen dürfen, was
sie geglaubt hat. Wir dürfen sie in Gottes guter
Hand wissen. Und Sie werden diese gute Hand
Gottes spüren in seiner weisen Führung und
Durchhilfe.*

*So möchte ich Sie namens meiner Frau und aller
Mitarbeiter ganz herzlich grüßen in innerer Anteilnahme an Ihrem großen Schmerz und Leid und
innerer Gemeinschaft des Glaubens. Die Zusage
gilt:*

*»Ihr sollt merken, daß ein lebendiger Gott unter euch
ist« (Josua 3,10).*

*So wollen wir in der Fürbitte füreinander unser Leben
getrost in Gottes Hand geben voller Zuversicht und
Hoffnung, daß er den Weg weiß, der Ihnen und uns
allen zum Segen wird.*

Ein anderer Brief:

Lieber Bruder Schwab,

jetzt ist es also doch furchtbare Wirklichkeit geworden, was wir beim Bruderschaftstreffen in Sulzbürg schon ahnten: Ihre liebe, gute Frau ist heimgegangen. Jetzt ist es so schwer, etwas zu sagen, denn Schmerz und Trauer wollen erst einmal aus- und durchgestanden werden. Vielleicht hilft es Ihnen und den Ihren ein wenig, wenn Sie wissen dürfen, daß Sie in diesen allerschwersten Stunden nicht allein waren und sind; daß eine Gebetsmauer um das Sterbelager Ihrer lieben Frau stand und daß Gebete Sie auch jetzt tragen wollen.

Natürlich müssen Sie das Allerschwerste allein tragen, da wollen wir uns nichts vormachen. Aber die Anteilnahme (jeder trägt ein Stück mit) der Schwestern und Brüder kann uns schon helfen. Und gerade jetzt in der Passionszeit: »Sterben wir mit, so werden wir mitleben.« Ihre Frau war mir und uns allen immer ein unerhörtes Beispiel und Vorbild, wie ein glaubender Mensch die Last annehmen und tragen kann, die auf seine Schultern gelegt wurden. Ich meine schon, daß darin auch (nicht allein, aber auch) ein verborgener Sinn gerade dieses Leidens liegen kann.

Ihre Frau war ja nicht nur ein von außen wunderschöner Mensch – ihre Herzensfrömmigkeit lag in ihrem Gesicht, und um sie herum war etwas vom Morgenglanz der Ewigkeit. Wir werden sie in unserem Kreis auch vermissen – aber Sie, lieber Bruder, müssen ja den schwersten Teil tragen. Es wird noch manche Stunde der Klage kommen und der Anfechtung und des Zweifels: Warum das alles? Warum sie? Warum die Gattin und Mutter, die Pfarrfrau und das wunderschöne Geschöpf Gottes? Wir wissen die Antwort nicht – Aber ER weiß sie. Und IHM wollen wir Sie und Ihre Angehörigen befehlen, mit dem Wort, das Bruder Walther über seine Andacht stellte (unser

Trauspruch!): »Lasset uns aufsehen . . .«. Wir grüßen
Sie sehr, sehr herzlich als Mittrauernde und Mitgetrö-
stete.

In diesem Brief spüre ich besonders deutlich, der Schrei-
ber hat meine liebe Frau geschätzt, ja geliebt. Das tut mir
gut. Vielleicht kann dieser Freund deshalb so einfühlsam
schreiben, weil er vor Jahren auch seine Frau zu Grabe
tragen mußte.

Ein anderer kurzer Gruß:

> *Weinet nicht um die schönen Stunden,*
> *freut euch, daß sie dagewesen sind.*

Ein Bibelwort auf einer Trauerkarte:

> *Jesus spricht: Was ich tue, das weißt du jetzt nicht; du*
> *wirst es aber hernach erfahren.*
>
> *(Johannes 13,7)*

Ein Gruß, über den ich mich besonders freue:

> Wir sehen jetzt durch einen Spiegel ein dunkles Bild;
> dann aber von Angesicht zu Angesicht.
> Jetzt erkenne ich stückweise; dann aber werde ich erkennen,
> wie ich erkannt bin. (1. Korinther 13,12)

> *Lieber Ernst, liebe Manuela, lieber Matthias,*
> *von Familie . . . habe ich von Eurem Schmerz erfah-*
> *ren. Menschliche Trostworte müssen verstummen,*
> *aber von der Hoffnung will ich reden, daß, wie Heidi*
> *des Leidens teilhaftig gewesen ist, so wird sie auch*
> *jetzt des Trostes teilhaftig sein – der Herrlichkeit*
> *unseres Herrn Jesus Christus. Daß Ihr aus dieser*
> *Gewißheit jeden Tag die Kraft und die Zuversicht*
> *nehmen dürft, die Ihr braucht, wünsche ich Euch von*
> *ganzem Herzen. An die Begegnungen mit Heidi*

denke ich mit Dankbarkeit zurück. Aus den Gesprä-
chen mit ihr habe ich viele wertvolle Anregung erhal-
ten. Sie zählt zu meinen Seelsorge-Lehrern.
In Christus verbunden...

Warum empfand ich diesen Gruß als besonders hilfreich?
Hier bringt jemand zum Ausdruck: Der Mensch, um den du
jetzt trauerst, war auch mir sehr wertvoll. Ich nehme
innerlich Anteil an deinem Schmerz. Doch ihr Glaube soll
für uns Vorbild und Trost sein.

Ich lerne auch: Es muß keine vorgedruckte, schwarzum-
randete Trauerkarte sein. Eine farbige oder selbstgestaltete
Karte ist persönlicher.

8. Aufräumen

Das Aufräumen ist für mich ein wesentlicher Teil der
Trauerarbeit. Es kostet Kraft und tut weh. Ich kenne
Trauernde, die jahrelang nichts veränderten von dem, was
ihr Angehöriger hinterließ. Dies ist sicherlich ein Ausdruck
der Liebe zu dem Verstorbenen. Ich sehe darin aber auch
ein inneres Stehenbleiben, eine Unfähigkeit, der neuen
Situation ins Auge zu sehen. Ich kann das gut verstehen.

Für mich ist das Aufräumen ein würdiges Verwalten
dessen, was Heidi mir hinterlassen und damit anvertraut
hat. Ich muß tun, was sie nicht mehr tun kann. Ich stoße auf
Briefe, die sie nicht mehr beantworten konnte. Kleider
werden an Verwandte und Freunde von ihr weitergegeben.
Wir wissen, es ist in ihrem Sinn, wenn wir mit dem, was sie
uns hinterläßt, anderen Freude bereiten.

Kleinigkeiten werden für mich zu einer Botschaft:
In einem Buch, das ich wegräume, finde ich als Lesezeichen
die Spruchkarte: *»Gott hat einen Weg für uns.«* Darauf will
ich mich verlassen.

Unter ihrem Briefmarkenvorrat ist eine gestempelte Son-
dermarke »Italienische Steinträger«. Mir geht durch den
Sinn, was Manuela neulich ausgesprochen hat: »Nun

braucht sich die Mama nicht mehr so anzustrengen.« Nun sind ihr alle Lasten dieses Lebens abgenommen.

Ein Zettel kommt mir in die Hände mit der Notiz: »*Der Christ ist ein Geretteter und ein Gehorsamer.*« Beides hat sie gelebt. Nie fühlte sie sich als Glaubensheld. Sie wußte sich als begnadigter Sünder, und darüber konnte sie sich von Herzen freuen. Und als eine, die von Gott geliebt wird, war es ihr ein großes Anliegen, ihm zu vertrauen und zu gehorchen. Dies soll auch bestimmend für mein weiteres Leben sein.

Meine Augen verweilen bei dem Titel eines Meditationsbands: »*Dein Licht hat die Nacht in ein Morgen verwandelt.*« Ich hoffe, daß auch meiner Nacht ein neuer Morgen folgen wird. Wie – darüber mache ich mir jetzt keine Gedanken. Sorgenvolle Gedanken haben mich genug geplagt, als Heidi noch lebte und wir den Tod auf uns zukommen sahen. Jetzt gilt es, diesen Tag zu meistern, den Kindern ein guter Vater zu sein.

Wie unser Leben langfristig aussehen kann? Wir werden sehen. Ich lasse mich überraschen.

Ich bin dankbar für die vielen Briefe, die wir aufgehoben haben. In ihnen wird manches aus der Vergangenheit lebendig. In den Briefen, die ich lese, redet Heidi zu mir, das tut mir gut. Es werden zwar auch Erinnerungen wach, die Tränen auslösen, doch hier redet die mir vertraute Lebensgefährtin zu mir, die mich verstand und liebte wie sonst keiner. Diese geschriebenen Worte sind wie ein Gruß von ihr, sie trösten und ermutigen.

Heute habe ich auch Fotos einsortiert. Das Betrachten von Fotos macht mich wehmütig, sehnsüchtig und traurig. Die Bilder, auf denen sie mir entgegenlächelt, sagen mir in schmerzlicher Weise: Sie ist nicht mehr.

Es hängen auch Bilder von ihr an der Wand. So haben wir die fröhliche Ehefrau und Mutter stets vor Augen. Vielleicht wird durch die Bilder die Trauer in unnötiger Weise lebendig gehalten. Frühere Generationen hatten diese Möglichkeit nicht, einen Verstorbenen im Bild weiter so vor Augen zu haben.

Wichtiger und wertvoller als die Fotos sind mir die Bilder und Erinnerungen, die ich in mir trage. Diese sind auch lebendig, das heißt, sie verändern sich im Lauf der Zeit, sie leuchten so in mir auf, wie es in der jeweiligen Situation angemessen und hilfreich ist.

Aufräumen hilft, daß die schmerzliche Wunde der Trennung verheilt. Es schafft Freiraum für Neues.

8. Neue Wege

Kann man nach einer solch innigen und leidvollen Ehe noch einmal eine Ehe eingehen?

Mir war nach Heidis Tod klar, daß es für mich und die Kinder ein großes Geschenk wäre, wenn ich eine neue Lebensgefährtin und die Kinder wieder eine Mutter bekämen. Bei mancher jungen Frau, die mir begegnete, beschäftigte mich die Frage, ob sie eine geeignete Lebensgefährtin für mich und eine gute Mutter für meine Kinder wäre. Diese Gedanken machten mich im Umgang mit jungen Frauen oft unsicher. Unverbindliche Annäherungsversuche wie in jungen Jahren waren mir als Witwer kaum möglich. Auch wollte ich bei keiner Frau Erwartungen wecken, die ich dann nicht erfüllen konnte.

Ich hätte nie erwartet, daß trotz der Trauer so bald der Gedanke an neue Zweisamkeit mit einem anderen Menschen entstehen kann. Vielleicht aber gerade wegen der Trauer, weil durch den Verlust der Lebensgefährtin eine große neue Sehnsucht nach Zärtlichkeit und Geborgenheit entsteht. Doch es wird nicht ganz leicht sein, eine neue Lebensgefährtin zu finden. Wenn ich wieder heirate, dann ja nicht nur für mich, sondern auch für die Kinder. Es geht nicht nur darum, daß zwei Menschen einander gernhaben, sondern vier Menschen müssen sich gegenseitig annehmen und lieben. Insgesamt sind aber die Kinder sehr aufgeschlossen und unkompliziert gegenüber jedem Fremden.

Genau am ersten Todestag von Heidi besucht uns eine junge Frau. In einer unbekümmerten Freundlichkeit begegnet sie mir und den Kindern, so daß wir alle drei von ihr begeistert sind. Mir fällt ein, was Heidi einige Wochen vor ihrem Sterben zu mir gesagt hat: »Wenn die Zeit der Trauer um sein wird, wirst du eine gute Lebensgefährtin und eine liebevolle Mutter für die Kinder bekommen.« Damals hat mir dieser Satz sehr weh getan. Ich wollte sie doch nicht verlieren. Jetzt frage ich mich: Könnte Renate diese angekündigte neue Lebensgefährtin sein? Ich kann es nur so verstehen, daß Gott meiner verstorbenen Frau damals eine prophetische Aussage geschenkt hat, die ihr selbst in dieser Klarheit vielleicht gar nicht bewußt war.

Die Herzlichkeit, mit der meine Kinder Renate annehmen und die liebevolle Art, mit der sie auf die Kinder eingeht, machen mir die Entscheidung leicht. Auch die klare Ermutigung durch andere Christen ist mir eine Hilfe.

Daß auch Heidis Eltern Renate wie eine Schwiegertochter freundlich annehmen und sich aufrichtig freuen, daß ihre Enkelkinder wieder eine liebevolle Mutter haben, erfüllt mich mit besonderer Dankbarkeit.

So können wir im Juli 1984 heiraten und sind wieder eine vollständige und glückliche Familie.

Indem ich diese letzten Zeilen schreibe, frage ich mich: Darf eine solche Lebensgeschichte ein »Happy-End« haben?

Nun, unsere Lebensgeschichte ist ja noch nicht zu Ende. Ich weiß nicht, wie Gott uns weiterführt und was er noch mit uns vorhat. Doch aus dem Zeugnis der Bibel dürfen wir entnehmen, daß Gott nicht Leid und Not will. Er will nicht, daß wir zerbrechen. Er will für uns ein sinnvolles, gesegnetes Leben. Wenn er uns durch Leid führt, dann wohl auch deshalb, um uns zu Menschen zu machen, die lernen, ihm zu vertrauen. Gott hat mich durch meine Leiderfahrungen gelehrt, das Leben als Geschenk zu schätzen und den Mitmenschen als einmalig zu achten und zu lieben.

In den zehn Jahren, die ich hier ein wenig geschildert habe, habe ich gelernt, daß Gott einen längeren Atem hat als wir. Wir können in Krisen und Anfechtungen kommen, die nicht mit einem Gebet oder einem seelsorgerlichen Gespräch überwunden sind. Für manche Phasen unseres Lebens und Glaubens brauchen wir Monate oder Jahre. Wichtig ist mir, daß wir unser Leben am Wort Gottes ausrichten und aufrichten, ganz egal, ob wir uns gerade in einer Zeit der Krankheit, der Trauer oder des Glücks befinden. Wichtig ist mir die Gewißheit: da ist ein Gott, der allem einen Sinn gibt, auch wenn ich vieles nicht verstehe. Wichtig ist mir die Hoffnung, daß der Tod nicht das letzte Wort hat, sondern der Herr, der den Tod besiegt hat.

Erscheinen meines Gottes Wege
mir seltsam, rätselhaft und schwer,
und gehn die Wünsche, die ich hege,
still unter in der Sorge Meer;
will trüb und schwer der Tag verrinnen,
der mir nur Qual und Schmerz gebracht,
dann will ich mich auf eins besinnen,
daß Gott nie einen Fehler macht.

Drum still, mein Herz, und laß vergehen,
was irdisch und vergänglich heißt!
Im Lichte droben wirst du sehen,
daß gut die Wege, die er weist.
Und müßtest du dein Liebstes missen,
ja ging's durch kalte, finstre Nacht,
halt fest an diesem starken Wissen,
daß Gott nie einen Fehler macht.

(Originaltext: Reinhard Mey. © Nobile-Verlag, Stuttgart)

Schweigen möchte ich, Herr,
und auf dich warten.

Schweigen möchte ich,
damit ich verstehe,
was in deiner Welt geschieht.

Schweigen möchte ich,
dir nahe sein
und allen deinen Geschöpfen.

Ich möchte schweigen,
damit ich unter den vielen Stimmen
die deine erkenne.

Ich möchte schweigen
und darüber staunen,
daß du für mich ein Wort hast.

Herr, ich bin nicht wert,
daß du zu mir kommst,

aber sprich nur ein Wort,
so wird meine Seele gesund.

(Text: Jörg Zink. Kreuz-Verlag, Stuttgart)

Übersicht der Lieder und Gebete

1. Weiß ich den Weg auch nicht   S. 26
2. Die Narzisse   S. 36
3. Weil ich Jesu Schäflein bin   S. 41
4. Die Sonnenblume   S. 46
5. Ich stehe am Ufer   S. 50
   (Zink, Am Ufer der Stille, Kreuz-Verlag)
6. Du bist mein Licht, Herr   S. 51
   (David-Oratorium, Abakus-Verlag)
7. Es ist viel zu tun   S. 61
   (Zink, Am Ufer der Stille, Kreuz-Verlag)
8. Gott des Himmels und der Erden   S. 62
   (EKG)
9. Siehe, ich habe dir geboten   S. 64
   (Präsenz-Verlag Gnadenthal)
10. So nimm denn meine Hände   S. 67
    (EKG)
11. Weise mir, Herr, deinen Weg   S. 70
    (David-Oratorium, Abakus-Verlag)
12. Das Vielerlei lasse ich hinter mir   S. 80
    (Kreuz-Verlag)
13. Ich bin verzagt   S. 81
14. Ich gehe weiter   S. 84
    (Siebald, HSW bzw. Hänssler)
15. Ewiger, heiliger, geheimnisreicher Gott   S. 85
    (Zink, Wie wir beten können, Kreuz-Verlag;
    gleichnamige LP: Abakus)
16. Nun sich das Herz von allem löst   S. 86
    (Jochen Klepper)
17. Erscheinen meines Gottes Wege
    (Soldat in Stalingrad)   S. 96
18. Schweigen möchte ich, Herr   S. 96
    (Zink, Kreuz-Verlag)

hänssler

James Dobson

Wenn Du Gott nicht mehr verstehst

Pb., 192 S.,
Nr. 58.125,
ISBN 3-7751-2115-3

Der absolute Bestseller
in den USA jetzt auch in deutscher Sprache:
– Buch des Jahres 1994
– mehrere Auszeichnungen und Buchpreise
– über 600 000 Exemplare in einem Jahr
– James Dobson, Berater der amerikanischen Regierung

Kein herkömmliches Buch zum Thema »Warum läßt Gott das zu?«.
James Dobson versteht es, der Urfrage des menschlichen Lebens zu
begegnen, ohne dem Fragenden mit einfachen Antworten auszuweichen.

Kompetent & bibelorientiert!

Bitte fragen Sie in Ihrer Buchhandlung nach diesem Buch!
Oder schreiben Sie an den Hänssler-Verlag, Postfach 12 20,
D-73762 Neuhausen-Stuttgart.

hänssler

Mary Irwin
Der Mond allein genügt nicht

Meine bewegte Ehe mit dem Astronauten Jim Irwin
Tb., 232 S.,
Nr. 392.366,
ISBN 3-7751-2366-0

Wie lebt man als Frau eines NASA-Astronauten?

Mary Irwin vergoß Freudentränen, als die Apollo-15-Rakete zu
ihrem historischen Flug startete. Als Frau eines NASA-Astronauten
war sie gut auf dieses Ereignis vorbereitet. Nicht vorbereitet war sie
jedoch auf die fünf Jahre, die diesem Start vorausgingen. Die harten
Anforderungen des Trainings bedeuteten eine schwere Zerreißpro-
be für die Ehe und die Familie des Astronauten Jim Irwin, die sie an
die Grenze ihrer Möglichkeiten führte.
Ein außerordentlich aufrichtiges Selbstporträt einer Frau, deren eigene Probleme durch den Druck der Situation nur noch verschlim-
mert wurden – bis sie schließlich die Lösung fand.

Bitte fragen Sie in Ihrer Buchhandlung nach diesem Buch!
Oder schreiben Sie an den Hänssler-Verlag, Postfach 12 20,
D-73762 Neuhausen-Stuttgart.

hänssler

Helge Norseth

Gefangen – und doch frei

Der Weg eines jungen Norwegers durch norwegische und deutsche
KZs
Tb., 208 S.,
Nr. 392.393,
ISBN 3-7751-2393-8

Eintausendeinhundertundfünfzehn Tage in verschiedenen Konzen-
trationslagern haben ihre Spuren hinterlassen. Von 1942 bis 1945
lebten Norseth und seine Mithäftlinge Tag und Nacht im Schatten
des Todes mit einem Gewehr oder einer Maschinenpistole im Rük-
ken.
Seine Geschichte ist ein beeindruckendes Zeugnis davon, wie Glaube und Hoffnung in lebensbedrohender Angst und Todesnähe hin-
durchgetragen haben.

Bitte fragen Sie in Ihrer Buchhandlung nach diesem Buch!
Oder schreiben Sie an den Hänssler-Verlag, Postfach 12 20,
D-73762 Neuhausen-Stuttgart.

hänssler

Hanni Lützenbürger

Cellina

Ein Frauenschicksal im Spannungsfeld deutscher Geschichte
Tb., 208 S.,
Nr. 392.275,
ISBN 3-7751-2275-3

Cellina, ein musikalisches, sehr begabtes Mädchen, möchte Pianistin
werden, auf Wunsch ihrer Eltern wird sie Lehrerin. Ihre Ehe schei-
tert nach wenigen Jahren, und sie muß allein mit ihrer Tochter ihr
Leben meistern. Immer wieder wird sie enttäuscht, steht vor dem
Scherbenhaufen jahrelanger Arbeit und Bemühungen. Erst nach
langer Suche findet sie zum Glauben und Ruhe in Gott.
Die Lebensgeschichte einer Frau aus der Zeit des Dritten Reiches
und der DDR.

Bitte fragen Sie in Ihrer Buchhandlung nach diesem Buch!
Oder schreiben Sie an den Hänssler-Verlag, Postfach 12 20,
D-73762 Neuhausen-Stuttgart.